Overseas Collections of Chinese Treasures

海外珍藏中华瑰宝

本丛书收录了2000件世界著名博物馆珍藏的中华瑰宝图片，其中不乏孤品、精品、罕见之品，
它们展现了华夏五千年璀璨的文明，谱写着中国工艺美术辉煌的历史。

Polychrome

单彩瓷 五彩瓷

张怀林 / 主编
林 瀚 / 著

北京工艺美术出版社

图书在版编目（CIP）数据

单彩瓷·五彩瓷/林瀚著.—北京：北京工艺美术出版社，2011.1
(海外珍藏中华瑰宝)
ISBN 978-7-80526-889-7

Ⅰ.①单... Ⅱ.①林... Ⅲ.①彩绘—瓷器（考古）—研究—中国 Ⅳ.①K876.34

中国版本图书馆CIP数据核字（2009）第231124号

责任编辑：陈高潮
英文翻译：张　绘
法文翻译：Brian Nichols
封面设计：符　赋
版式设计：大达设计公司
责任印制：宋朝晖

单彩瓷　五彩瓷

林瀚　著

出版发行　北京工艺美术出版社
地　　址　北京市东城区和平里七区16号
邮　　编　100013
电　　话　（010）84255105（总编室）
　　　　　（010）64283627（编辑室）
　　　　　（010）64283671（发行部）
传　　真　（010）64280045/84255105
网　　址　www.gmcbs.cn
经　　销　全国新华书店
制　　版　北京杰诚雅创文化传播有限公司
印　　刷　北京顺诚彩色印刷有限公司
开　　本　700毫米×1000毫米　1/16
印　　张　8
版　　次　2011年1月第1版
印　　次　2011年1月第1次印刷
印　　数　1～3000
书　　号　ISBN 978-7-80526-889-7/J·789
定　　价　48.00元

辛巳人日録以
古歙方東具

博物馆简介

大英博物馆

British Museum

位于伦敦大罗素广场，1753 年建立，是世界上建立最早、规模最大的博物馆。共有 100 多个陈列室，面积 7 万平方米，藏品 600 万件，其中中国的历代稀世珍宝达 2 万多件。

大卫中国艺术基金会

Percival David Foundation of Chinese Art

斐·大卫爵士将自己收藏的 1700 多件中国艺术珍品捐献给伦敦大学，伦敦大学遂设置了“大卫基金会”，并于 1952 年正式对外开放。2009 年 4 月起，全部藏品移至大英博物馆第 95 号展厅。

维多利亚和阿尔伯特（V&A）博物馆

Victoria and Albert Museum

位于伦敦，1852 年建立，是世界上最大的装饰艺术及设计博物馆。展品 450 万件，并设有中国艺术品专馆。1899 年，为了纪念维多利亚女王和她的丈夫阿尔伯特改名至今。

吉美国立亚洲艺术博物馆

Musée national des Arts asiatiques Guimet

位于巴黎第 16 区。1889 年，由里昂工业家吉美先生创立。1927 年，并入法国国家博物馆总部。1945 年，接受卢浮宫移来的亚洲艺术展品，因而成为首屈一指的亚洲艺术博物馆。

赛努奇博物馆

Musée Cernuschi

设于法国巴黎蒙梭公园旁的亨利·赛努奇古宅内。1898 年创建，是欧洲五大亚洲艺术博物馆之一。该馆以陈列亨利·赛努奇长期环球航海旅游所搜集的亚洲艺术品为主，共有艺术珍品 12000 件。

西班牙国家装饰艺术博物馆

Museo Nacional de Artes Decorativas

位于马德里蒙塔班街 12 号，建于 1851 年，欧洲著名装饰艺术博物馆之一。以收藏文艺复兴、巴洛克、洛可可及 19 世纪各国家具和装饰工艺品为主，藏品 90000 件。

前 言

张怀林

中国工艺美术是华夏文明熠熠闪光的瑰宝，是我国广大人民劳动与智慧的结晶，它见证了中华五千年光辉而曲折的发展历程，铭刻着数不尽的文化和科技信息。

目前，有相当数量的中华瑰宝正静静地躺在世界各大博物馆的展柜里，向来自地球各方的参观者默默地讲述着：在遥远的东方，有一个伟大而古老的中华民族，这个民族有着多么光辉而灿烂的历史和文明!

这些中华瑰宝，有些是陆地和海上两条丝绸之路上的经济贸易“使者”，也有些是在积贫积弱的那段历史时期下无知和屈辱的牺牲品。

说它们宝贵，并不在于拍卖会上拍出的天价，而在于它们的唯一性和不可再生性。这里有存世唯一的一对元代纪年款的至正青花象耳大瓶，有国内绝迹的明洪武款青花器，有近几年才听说的克拉克瓷和难得一见的五彩缤纷的外销瓷；还有一些在国内只有几件最多几十件的洒蓝碗、暗花枢府釉器、霁蓝龙纹梅瓶、宣德釉下三鱼纹高脚杯、永乐压手杯、德化何朝宗最精彩的关公和观音、汝窑器、官窑器……

当我在异国他乡，徜徉于这些出自本民族之手而自己却十分陌生的国之瑰宝面前时，出于一个出版工作者的本能和责任感，陶醉与感叹之余，我的第一个念头就是把它们装在书里带回去，与我们的同胞分享。

面对这一件件精美而久违了的宝器倩影，你可以在茶余饭后沉醉陶冶，可以追思华夏五千年沧桑沉浮，可以引领你步入收藏世界的大门并帮助你积累鉴赏古玩的常识，可以比对你的收藏品雌雄真伪，可以为你的论著寻找佐证或修正你的相关学术论点，也可以重新找回曾经中断了的那一段段工艺美术的历史……

目 录

单彩瓷

一、唐宋民瓷彩光现

在很长一个时期，中国瓷器都是以青瓷、白瓷、黑褐瓷等单色瓷的形态延续着。到了唐代，受彩釉陶“唐三彩”的影响，湖南铜官窑、四川邛窑等相继烧出了一些三彩瓷。由于当时铜官窑、邛窑瓷器的胎质和釉色都还处于原始阶段，彩绘自然也很简单、草率（附图 1、附图 2）；在宋代，磁州窑等一些民窑，先后烧制出了白釉黑花、青花、红绿彩等彩绘瓷，绘画水平有了很大的提高；自元代开始，景德镇窑大量烧制青花、釉里红等题材丰富、造型美观、绘制精细的单彩瓷，在国内逐渐被人们所接受并喜爱，在国外也开辟了广阔的市场。固守了两千多年的单色瓷审美定式，像被洪水冲垮的大堤，再也无法收拢。自此，中国瓷器开辟了一片五彩缤纷的新世界，彩绘瓷扮演了元以后七百多年中国瓷器舞台上的主角。

炻器 釉下褐绿彩莲纹 碗

附1

唐
铜官窑
中国收藏

炻器 釉下绿彩
卷草纹 龙柄壶

附2
唐
邛（qióng）窑
中国重庆三峡博物馆藏

二、繁花似锦彩绘瓷

彩绘瓷是一个品种繁多的瓷器"大家庭"，以绘画色彩的多少来分，有单彩瓷（如：黑彩、褐彩、青花、釉里红、绿彩等）、双彩瓷（如：红绿彩、青花釉里红、青花绿彩等）、三彩瓷（如：三彩、素三彩等）、五彩瓷（如：五彩、青花五彩等）；以施彩的技法来分，有釉下彩、釉上彩、斗彩、法华彩、描金彩、铁线描、珐琅彩、粉彩等。大部分彩绘瓷是白釉底，也有一些彩绘瓷是彩色底的。本书重点介绍的是白釉底的单彩瓷和五彩瓷。其他彩绘瓷我们放在本系列《斗彩瓷 珐琅彩瓷 粉彩瓷》和《颜色釉瓷》中详细介绍。

五彩瓷所谓的"五彩"，并非"五种彩色"的意思，中国人常喜欢用"五"来形容"多"，比如"五方"、"五味"、"五谷"、"五金"等。五彩瓷其实就是多种彩色的瓷器。在本书中，我们把两种以上的彩色瓷器都归到“五彩瓷”部分，而把单彩瓷单独列为一个部分来介绍。

在单彩瓷里，青花瓷已经自成体系，不仅生产规模大，产量高，而且在国际、国内影响深远，甚至有“国瓷”之美誉，在本系列里，我们单独编成《明天顺末前青花瓷》和《成化后青花瓷》两册加以介绍，本书就不再将青花瓷列入单彩瓷之中。

三、白釉黑花磁窑器

讲到单彩瓷，我们要再次提及磁州窑。磁州窑位于河北省磁县的观台镇与彭城镇一带，因磁县宋代属磁州，故名。磁州窑于北宋中期创烧，并很快进入成熟期，成为一座北方较大的民窑。磁州窑所用瓷土颗粒较粗，胎体较疏松，只好以白色优质瓷土为化妆土，施于凹凸不平的胎体表面，以提高瓷釉的白度及光亮度。尽管如此，烧出瓷器的质量远远赶不上当时的“五大名窑”，尤其定窑白瓷毫无掩饰的细白胎体和清亮莹厚的釉质，让磁州窑白瓷望尘莫及。但磁州窑毕竟是民窑，它没有宫廷的“钦限”，不用迎合皇帝的好恶。在“御窑”们纷纷追求“单纯”“素雅”时尚之时，磁州窑却另辟蹊径，大胆地用毛笔蘸黑彩、褐彩在白瓷上画花、写字，为瓷器的装饰开出了一片崭新的天地，这也就是我们今天所说的单彩瓷。绘画题材基本来自民间，要么是大自然中最普通的野花、野草、动物、风景，要么是老百姓口口相传的民间故事和传说；书写的文字也是诸如“牛羊千口”“天下太平”之类的吉祥话。这种装饰风格虽受到宫廷贵族们的蔑视，但是，却得到广大普通百姓的欢迎。

由于磁州窑瓷器深受百姓喜爱，因此也招来四面八方窑口的热情追随，如：河南的鹤壁集窑、登封曲河窑、禹县扒村窑、修武当阳峪窑，山西的霍县窑、介休窑，山东的淄博窑，江西的吉州窑，以及福建泉州、四川广元等地一些窑口，都在烧制仿磁州窑瓷器，最后形成了一个庞大的磁州窑系。

磁州窑白地黑花、褐花的装饰之风在民间如此广泛地流行，对于士大夫们死抱着的“瓷器以单色为美”的审美观念不能不有所撼动。

到了元代，皇家在南方景德镇窑创烧出的艳丽可爱的青花瓷，彩绘瓷从此开始进入宫廷，成为达官贵人的新宠，这与元之前磁州窑单彩瓷广泛的社会影响是分不开的。

黑彩、褐彩单彩瓷还有一个窑口烧造得也很有特色，那就是吉州窑。

吉州窑位于江西省吉安县永和镇境内，故称“永和窑”；永和镇古时曾是东昌县县城的所在地，因此也称“东昌窑”；吉安曾归吉州辖，故又称“吉州窑”。吉州窑创烧于晚唐，盛于南宋，至元末停烧。

吉州窑瓷不仅釉色种类繁多，有青釉、黑釉、酱褐釉、乳白釉、绿釉等，在装饰技法上也变幻无穷，如：彩绘、洒釉、剪纸、贴花、剔花、印花、划花和堆塑等。

吉州窑的黑、褐彩单彩瓷，许多风格与磁州窑很相似，但有一种风格比较独特，这就是铺地铁线描。铁线描就是用十分匀细的线条勾画图案，这本是中国画“十八描”中的一种线描技法，被吉州窑用于瓷器装饰上。吉州窑的铁线描纹饰多用黑、褐彩勾卷草纹，大卷套小卷，图案繁密，构成“锦地”的效果。有的整器为这种纹饰；有的在这种锦地上开光，再画其他纹饰；有的与黑或褐地白花纹饰组合。

吉州窑是南方唯一制作黑白单彩瓷的窑口，更是一个兼融南北方诸多窑口烧瓷技艺于一炉的窑口，在陶瓷史中有一定影响。

炻器 黑彩 牡丹纹 梅瓶

1

北宋
磁州窑
赛努奇博物馆藏

炻器 黑彩 牡丹纹 对瓶

2 北宋
磁州窑系
大英博物馆藏

■ 从使用材料、烧造温度和成器特性来区分，陶瓷可分为陶器、炻器和瓷器三个大类，炻器的许多特性基本介于陶器和瓷器之间。具体介绍，请参阅本系列《青瓷》或《白瓷》二书。目前国内收藏界常将炻器与瓷器归为一类。

炻器 黑彩 狗熊纹 叶形枕

3 北宋
磁州窑系
大英博物馆藏

■ 磁州窑瓷器纹饰的设计风格如此率真、粗犷、自由、无拘无束，在宋代陶瓷中是独一无二的。

炻器 褐彩 庭园人物纹 枕

4 北宋
磁州窑
吉美博物馆藏

■ 枕的正面庭园人物纹画风与当时的书籍插图版画十分接近；侧面墨竹的逆笔撇叶法明显受北宋花鸟大画家文湖州（文同）的影响。

■ 枕上有“王氏”款。

炻器 褐彩 剔花牡丹纹 枕

5 北宋
磁州窑
吉美博物馆藏

■ 瓷枕是磁州窑的典型器型之一。瓷枕始见于隋代明器；唐代医用；入宋后，瓷枕因有清凉去热、驱火明目的功效而渐被时人喜爱，流行为夏令常备寝具，磁州窑便大量烧制。磁州窑的瓷枕有长方形、八方形、叶形、元宝形、如意头形、虎形、人形等，形式多样，美观实用。

炻器 褐彩 剔花缠枝花卉纹 研

6 北宋
磁州窑
吉美博物馆藏

■ 这只研的纹饰技法是先将图纹剔刻出来，在低凹处填褐彩，衬出白色纹饰。

炻器 褐釉
剔花缠枝叶纹 杯

7 北宋
河南登封窑（磁州窑系）
赛努奇博物馆藏

■ 这种纹饰的技法与图6不同，是先将褐釉遍涂器身，划出花纹，用刀剔除多余部分，露出白胎，保留所要图纹，再上炉烧制。这种雕刻过程与黑白木刻一样，十分讲究"刀味"。

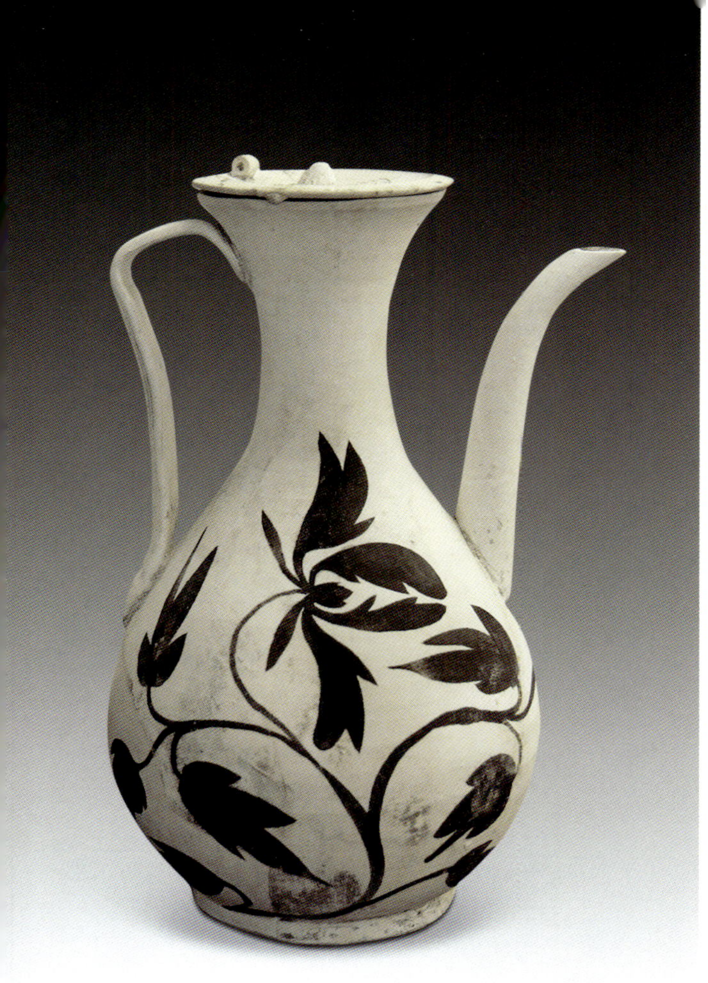

炻器 褐彩 花卉纹 执壶

8

北宋末（公元11世纪末–12世纪初）
南方磁州窑系
吉美博物馆藏

■ 北宋末期，一艘商船在菲律宾海域沉没，1991年打捞出水，这只壶及图9的碗、图10的瓶均为该船所载的部分外销瓷。

炻器 褐彩 花卉纹 碗

9

北宋末（公元11世纪末–12世纪初）
南方磁州窑系
吉美博物馆藏

■ 该碗外壁黑花白地，内壁则是白花黑地，内外花、地互为阴阳，颇有趣味。

炻器 褐彩 花卉纹 纸槌瓶

10
北宋末（公元 11 世纪末 –12 世纪初）
南方磁州窑系
吉美博物馆藏

炻器 黑彩 花卉纹 荷口长颈瓶

11

金
磁州窑
吉美博物馆藏

■ 磁州窑位于黄河以北，宋朝南迁后划入金朝版图。金人统治期间，磁州窑炉火依旧，烧造了不少瓷器。

炻器 黑彩 花卉纹 瓶

12
金
磁州窑
V&A 博物馆藏

炻器 褐彩 雉鸡望蝶纹 虎枕

13
金
磁州窑
吉美博物馆藏

炻器 黑彩 女孩形枕

14
金
磁州窑系
大英博物馆藏

■ 枕上书“风花雪月”楷书。

炻器 黑彩
喜鹊登枝纹 八角枕

15
金
磁州窑
赛努奇博物馆藏

炻器 黑彩 三个小男孩纹 四系瓶

16

金
磁州窑
大英博物馆藏

■“仁和馆”似为宋代驿馆的名称。明代陈眉公的《妮古录》中写道：“余秀州买得白锭（定）瓶，口有四纽，斜烧成仁和馆三字，字如米氏父子所书。”据考，定窑不曾有类似标本，而宋代磁州窑却有斜书“馆”字的这类系瓶出土。北京故宫博物院有一件斜书“仁和馆”铭文四系瓶藏品，山西省博物馆有一件斜书“太平馆”四系瓶藏品，安徽省濉溪县乜曾有金代类似酒瓶出土，加上大英博物馆这件，均不是定窑所出。显然，陈眉公所记瓶的产地有误。不过，可由此看出，这种款式瓶当时很流行，且到了明代仍很金贵。

炻器 黑彩
花卉纹 缸

17
金、西夏或元
磁州窑系
赛努奇博物馆藏

炻器 黑彩
花卉纹 香熏

18
金
磁州窑
赛努奇博物馆藏

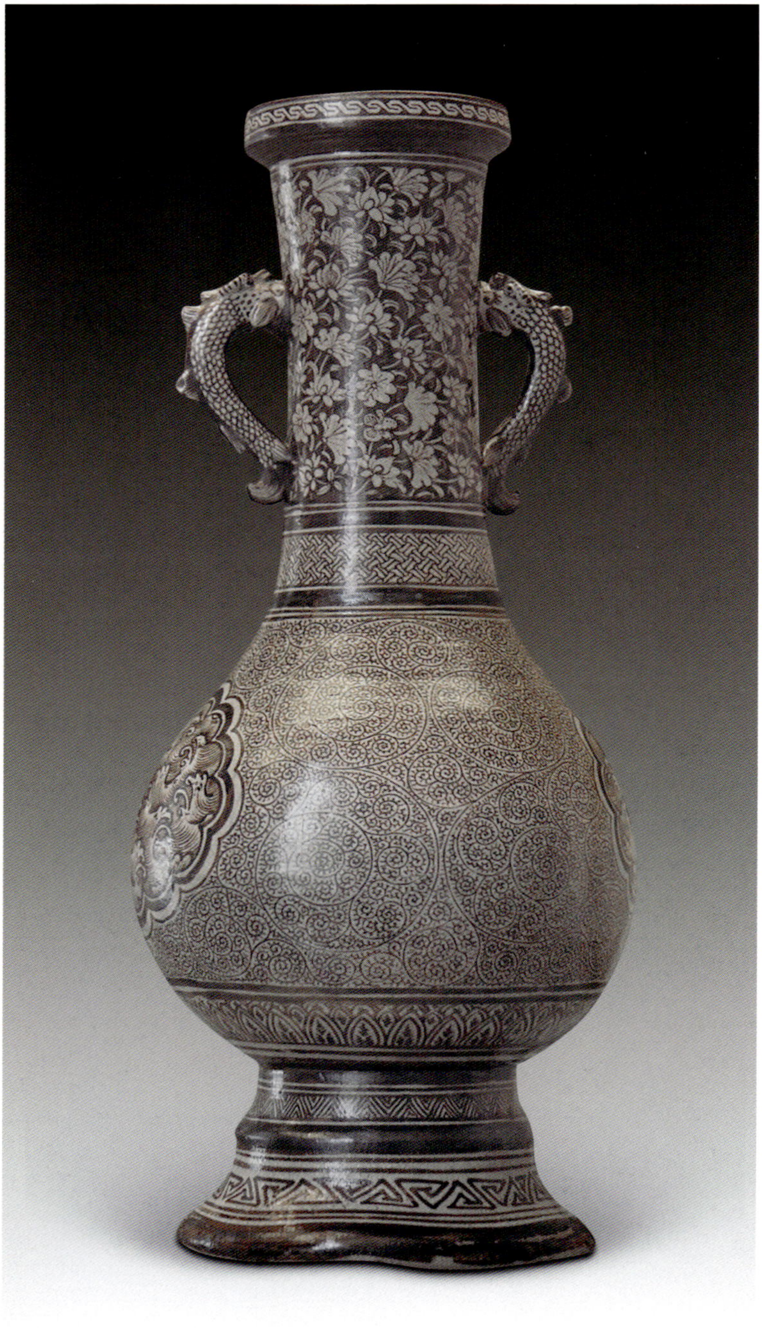

炻器 褐彩
卷草花卉纹
鱼龙耳瓶

19
南宋或元
吉州窑
大英博物馆藏

■ 这只瓶子的造型模仿青铜祭器，这类器型在南宋和元朝曾一度流行。

炻器 褐彩
铁线描
卷草纹 瓶

20
元
吉州窑
V&A 博物馆藏

四、明清单彩明丽多

明代是中国瓷器发展史上十分繁荣的一个时期。以景德镇窑为主，开始用各种釉色烧制瓷器，用各种色彩描绘纹饰。单彩瓷也是一样，不仅保留了宋代磁州窑的黑彩、褐彩，元代青花的蓝彩，还开发了红彩、黄彩、绿彩、金彩等，使单彩瓷更加丰富多样，明艳靓丽。

由于明代第一位皇帝朱元璋实行禁海政策，并对海外贸易进行严格控制，致使烧制青花瓷所用的进口钴料货源中断，因此，洪武年间一方面用国产钴料烧制青花，同时烧制了一些釉里红彩瓷器。

釉里红烧制技法和青花相同，即先将釉彩画在生胎上，施透明釉后高温一次烧成。区别仅在于颜料：青花用的是钴料，而釉里红用的是氧化铜。釉里红最早出现于元代中后期，当时红色偏黑灰，技法简单，仅作为纹饰上的点缀。明洪武年间，釉里红从原料萃取到装饰工艺逐渐趋于成熟，开始有了绘制精美的釉里红单彩整器。

在封建专制社会，君主不但可以随意占有物质财富，甚至连许多非物质的东西也被其垄断，比如一些色彩、图形和器物造型等也被定为皇家专用。《元史·舆服志》中曾记载当时朝廷明令："双角五爪龙纹臣庶不得使用"，此规定一直延续至明清；明清时，黄釉瓷、红釉瓷为宫廷专用瓷，不仅严禁民间生产和使用，甚至连烧坏的釉瓷都必须拿到宫内销毁。

明洪武皇帝特别喜爱红色，据刘辰《国初事迹》记载："太祖（洪武帝朱元璋）以火德，五色尚火，将士战袄、战裙、壮帽皆用红色。"于是，釉里红单彩瓷自然也就被定为官窑定烧、朝廷专用瓷器。正因如此，明洪武釉里红单彩瓷烧造量很少，至今存世罕见，国内更是凤毛麟角。物以稀为贵，明洪武釉里红单彩瓷在国际陶瓷市场上价格惊人。一对苏格兰夫妇收藏的一只明洪武釉里红缠枝牡丹纹玉壶春瓶，在2006年佳士得春季拍卖会上拍出了7852万港元的天价。

明永乐、宣德年间，开始烧制五彩瓷，色彩多为釉上彩，其中包括不少釉上红彩单彩瓷。釉上红彩颜色比釉里红要鲜艳明亮得多。

嘉靖、万历两朝是明代烧造瓷器产量最高的时期，其中包括数量可观的单彩瓷。由于几朝的积累，单彩瓷的品种已经十分丰富多彩。

清代的康熙皇帝是个十分有作为的皇帝，康熙时期的瓷器不仅有许多创新品种，也有大量历朝名瓷的仿制精品，以显示其雄厚的经济实力和高超的制作水平。图 29-2 的那只仿明宣德釉里红三鱼纹高足杯与宣德杯（图 29-1）原器十分接近，达到几可乱真的地步。雍正、乾隆两朝也烧制了一些单彩瓷，但这三朝彩绘瓷的重点是青花、五彩、珐琅彩和粉彩，单彩瓷烧造的品种数量都不是很多。

釉里红彩 三友纹 玉壶春瓶

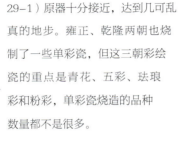

21 明 洪武
景德镇窑
大英博物馆藏

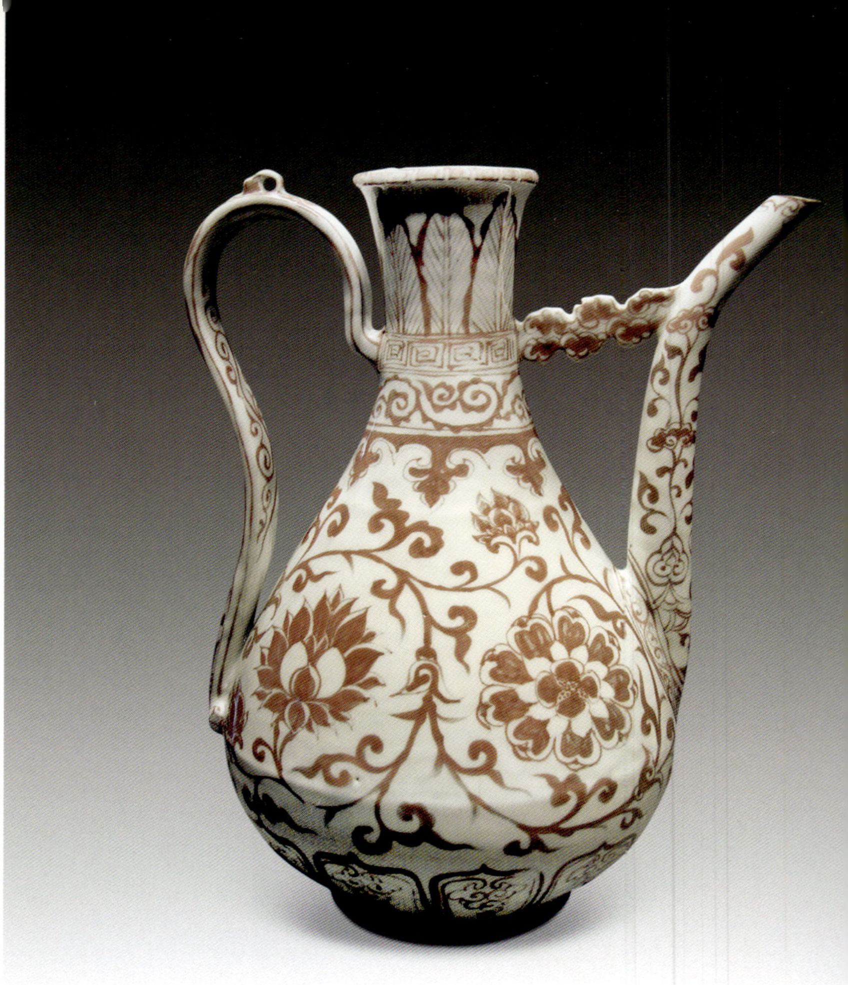

釉里红彩
缠枝莲纹 执壶

22
明 洪武
景德镇窑
大卫基金会藏

釉里红彩
缠枝花卉纹 大碗

23
明 洪武
景德镇窑
大英博物馆藏

釉里红彩 牡丹莲纹 菱口折沿杯托

24 明 洪武
景德镇窑
大英博物馆藏

■ 通常杯托只有巴掌大小，而这只杯托却形大如盘。洪武年间瓷器器型硕大，是为了显示开国第一朝的强大和与众不同的气派。

釉里红彩 几何形莲纹 菱口折沿大盘

25 明 洪武
景德镇窑
大英博物馆藏

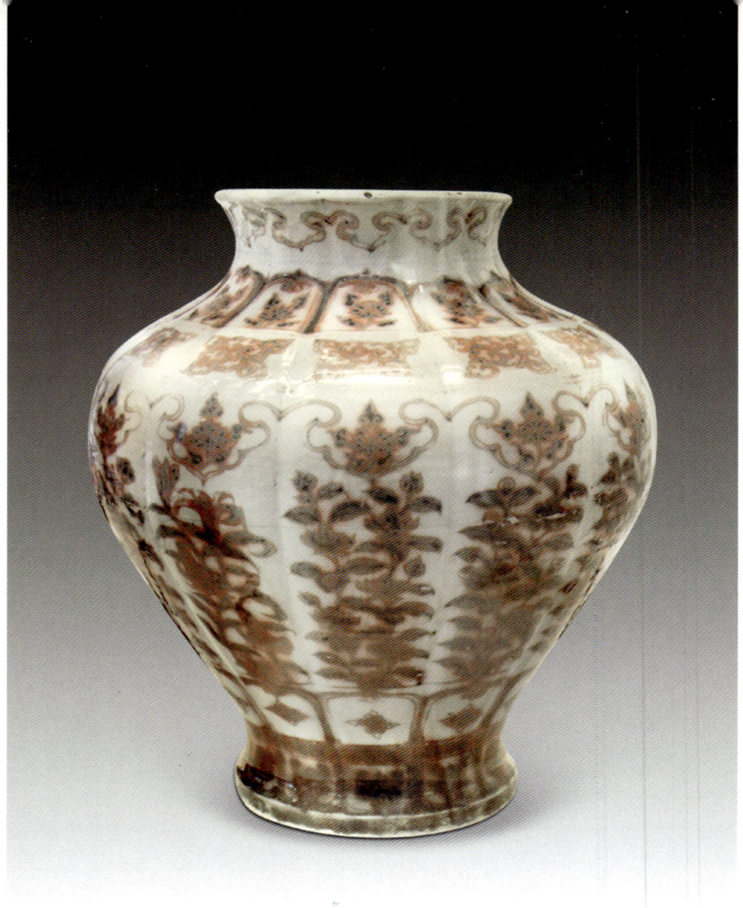

釉里红彩
十二月花纹 石榴尊

26 明 洪武
景德镇窑
大英博物馆藏

釉里红彩
缠枝菊花纹 军持

27 明初
景德镇窑
吉美博物馆藏

■ 这只军持的釉里红色彩烧制得比较明丽，是洪武年间釉里红的精品。

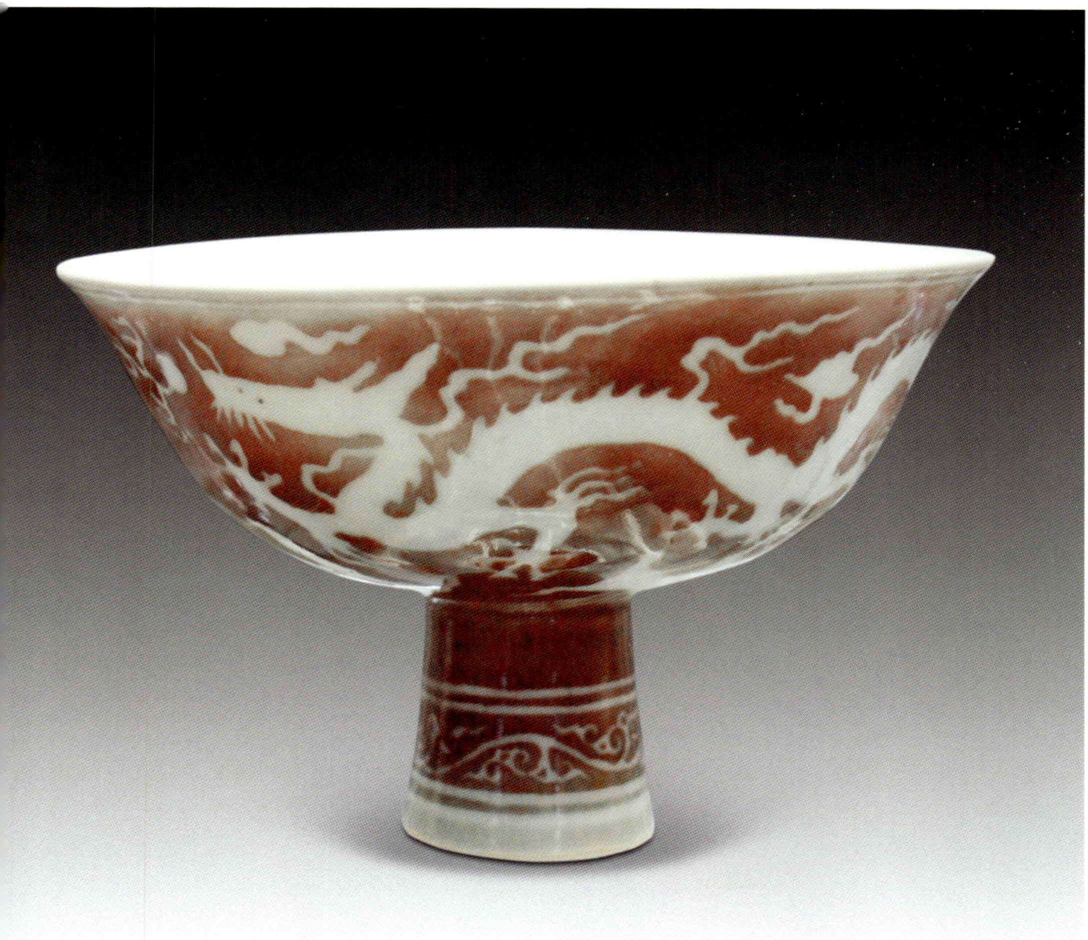

铜红地留白
龙纹 高脚杯

28

明 永乐
景德镇窑
大英博物馆藏

■ 杯内有暗花龙纹。

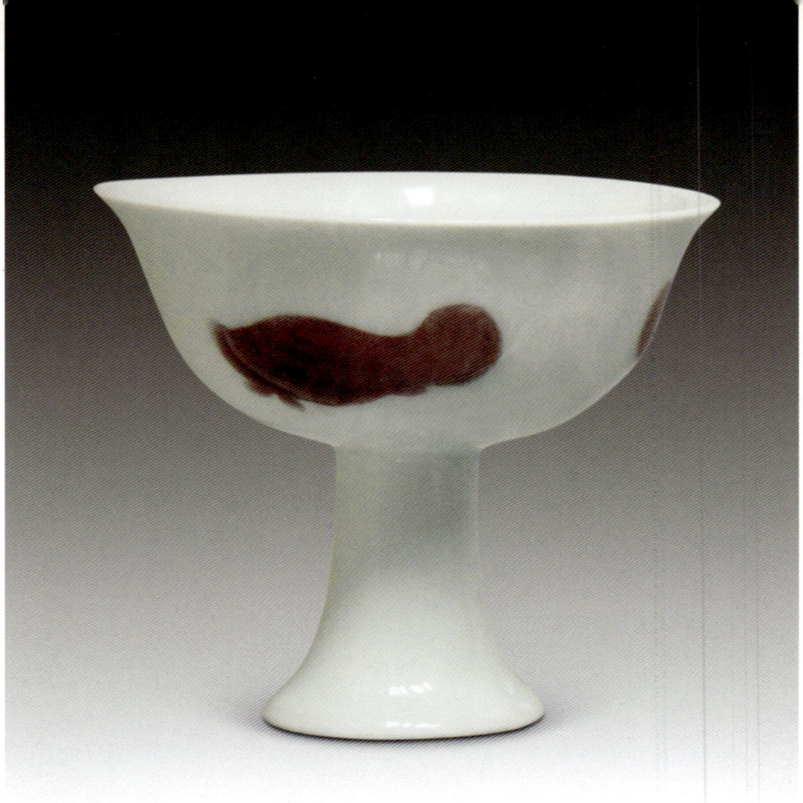

釉里红彩
三鱼纹 高足杯

29-1
明 宣德
景德镇窑
V&A 博物馆藏

■ 这种杯目前存世只有三只，另外两只分别藏于北京故宫博物院和上海博物馆。
■ 杯底有宣德年号官款。

釉里红彩
三鱼纹 高足杯

29-2
清 康熙
景德镇窑
V&A 博物馆藏

■ 这只高足杯，是早于康熙两百多年、明宣德著名三鱼纹高足杯（图 29-1）的仿制品。

浅铁锈棕彩 盘

30 明 宣德
景德镇窑
大英博物馆藏

■ 同样纹饰的盘子，当时还有一些黄釉青花器（见本系列《颜色釉瓷》），并且一直流行到明嘉靖年间，历时一百多年，到了清代仍被模仿（图 41），这种现象极为少见。

■ 底有宣德年号款。

绿彩 龙纹 盘

31 明 正德
景德镇窑
大卫基金会藏

■ 弘治年间开始使用一种新的釉上彩技法，即先将图纹轮廓在生胎上刻画出来，上透明釉高温烧制，然后按轮廓填彩后再低温烧制。这只碗沿用此法，只是上釉时先把龙纹空出来，高温烧制釉后，在龙纹上填以绿釉再低温烧制而成。

■ 底有“大明正德年制”青花款。

金彩
花卉纹 碗

32 明 万历
景德镇窑
大卫基金会藏

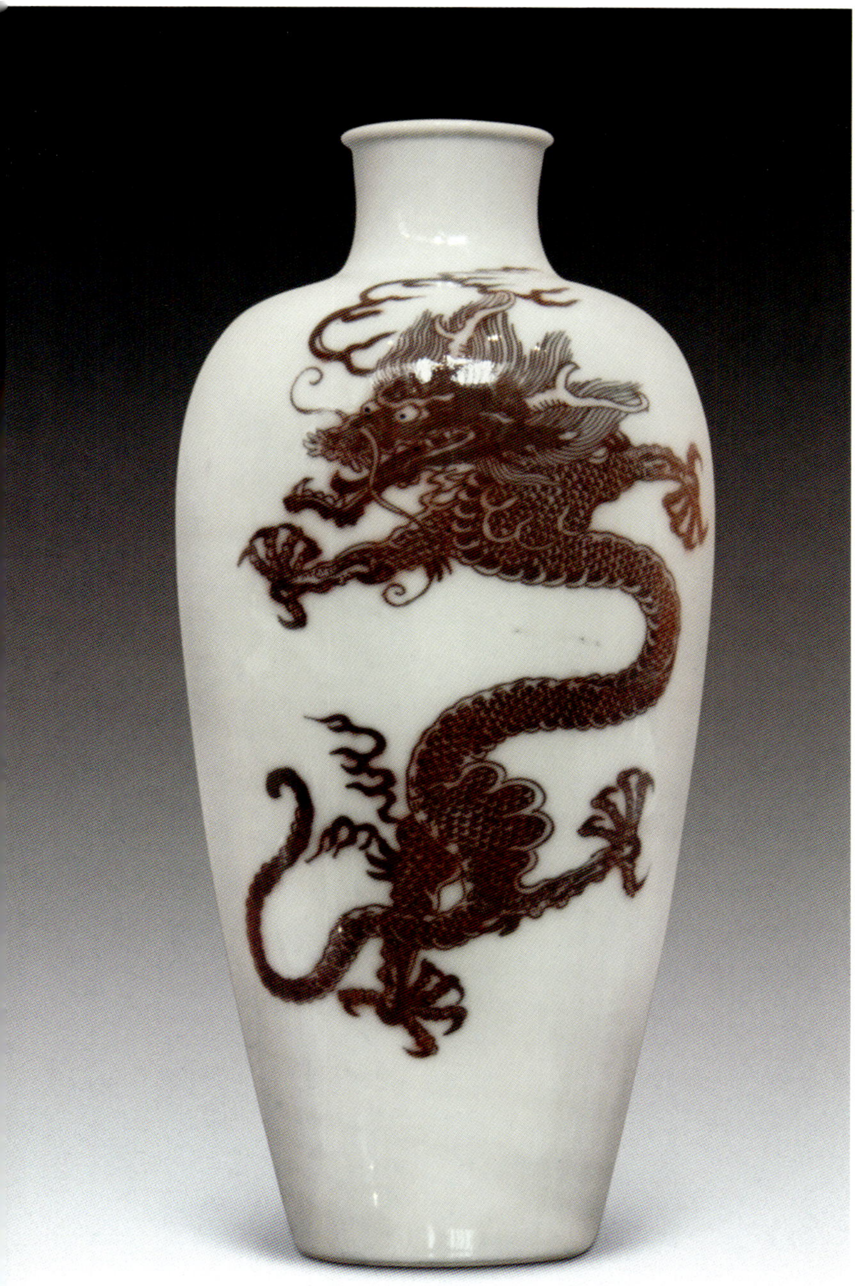

釉里红彩 龙纹梅瓶

33 清 康熙
景德镇窑
V&A 博物馆藏

■ 釉里红梅瓶是洪武年间最为名贵的瓷器，存世极少。这只康熙梅瓶与图 34 的雍正梅瓶也都十分珍贵。

釉里红彩 海水穿云龙纹长颈梅瓶

34
清 雍正
景德镇窑
V&A 博物馆藏

■ 雍正时期釉里红崇尚淡雅，纹饰常以细线轻勾淡描，称为"宝烧红"。与康熙釉里红纹饰的粗重风格（图 33）形成强烈对比。

矾红彩 蝴蝶花卉纹 大捧盒

35
清 乾隆
景德镇窑
大卫基金会藏

■ 釉里红是以铜为呈色剂，釉彩绘于生胎上，高温一次烧成；釉上红彩是以铁为呈色剂，也称"铁红"或"矾红"，釉彩绘于高温烧成的釉面上，再入窑以低温进行二次焙烧。釉上红彩是从明嘉靖二十六年（公元 1547）起开始烧制。因施彩于釉上，用手扪之有凸起之感；色彩比釉里红鲜亮，易于绘画，表现力丰富，但易磨损，易受酸碱等腐蚀，易褪色。

矾红彩 莲纹 甘露瓶

36 清 乾隆
景德镇窑
大英博物馆藏

描金彩 团龙云纹 爵杯

37 清 乾隆
景德镇窑
吉美博物馆藏

■ 乾隆时期许多仿古瓷器，是模仿古玉、漆器和商周青铜器的造型。这只杯是仿青铜器爵杯。

珐琅红彩 查尔斯国王长耳狗瓷塑（对）

38 清 乾隆（公元 1750–1770）
景德镇窑
V&A 博物馆藏

釉里红彩 龙纹 碗

39 清 仿明
景德镇窑
大卫基金会藏

■ 明成化年间烧制了一批龙纹碗，有青花，也有五彩，十分精彩。这只碗用单色红彩绘制，龙的气势接近成化龙，但只是平涂，缺少细部刻画。

釉里红彩
团凤纹 杯

40 清
景德镇窑
大卫基金会藏

釉里红彩 花果纹 盘

41 清 仿明
景德镇窑
大卫基金会藏

■ 这种纹饰的盘子从明宣德年创烧（图30），一直流行到明嘉靖年间，历时一百多年。

褐彩 山水纹 盘

42

清
景德镇窑
大卫基金会藏

▪ 图中所绘山水画，为清初徽派画家画风。

矾红彩 石榴纹 盖罐

43

清

景德镇窑

大卫基金会藏

五彩瓷

一、五彩瓷自宣德始

五彩瓷可分为“青花五彩”和“釉上五彩”两大类。青花五彩是先在胎体上绘制青花，上透明釉后经高温烧制，再在釉面上敷其他彩，最后经低温烧结固定；釉上五彩则是直接在烧好的釉面上敷各种彩，再以低温烧成。总之，五彩瓷除了青花和釉里红以外，基本都是釉上彩，到了清康熙年间，甚至连蓝色（青花）也使用了釉上彩。

尽管在宋、辽、金、元及明洪武、永乐年间即有五彩瓷出现，但五彩瓷生产真正形成规模的时期还是在明宣德年间，在有关文献中也讲到：“彩

附3
青花五彩
鸳鸯莲池龙纹 碗
明 宣德
中国西藏萨迦寺藏

炻器 三彩 大罗汉像

44-1

辽

河北易县

吉美博物馆藏

■ 当年供奉于易县白玉山峨嵋寺八佛洼山洞中的这组“十六罗汉”像，1912 年被德国古董商弗瑞兹·贝尔契斯基 (Friedrich Perzynski) 贩卖到海外，目前存世仅有 9 尊，其中美国 6 尊（1 尊破损），加拿大 1 尊。这尊为第六尊者——耽没罗跋陀罗（俗称“过江罗汉”），图 44-2 为第八尊者——伐阇罗弗多罗（俗称“笑狮罗汉”）。这种辽三彩大罗汉像，目前世界仅此一组，为中国佛教艺术史中的绝世精品。佛像比真人略大，神态刻画细腻，宛若真人。著名建筑学家梁思成先生在《中国雕塑史》中称赞这组大罗汉像“妙肖可与罗马造像比”。

炻器 三彩 大罗汉像

44-2

辽

河北易县窑

大英博物馆藏

■ 这组罗汉像使用的黄、绿、赭三色与辽三彩陶器相同，是彩釉陶向彩绘瓷过渡时期的作品。

瓷始自宣德”。宣德彩瓷除了有釉上红彩和釉上五彩外，最著名的还是将釉下青花和釉上矾红同施一器的青花红彩。宣德时所烧红彩，颜色鲜艳并且色调有浓重和浅淡之分。同时，宣德器型也十分丰富。据《蓉槎蠡说》记载，宣德五彩有杯、碟、瓶、罐、炉、镂花填彩绣墩及各种水注，如彬注、石榴注、双瓜注、双鸳注、鹅注等，只可惜流传下来的不多。这只青花五彩瓷碗（附图 3）是明朝中央政府赏赐给萨迦寺的礼物，也是极为少见的明宣德青花五彩瓷精品之一，现存西藏日喀则萨迦寺。碗的上方为青花云龙纹，下方饰五彩荷花和鸳鸯，内口沿书一圈青花藏文：“白日安，夜晚安，日中安，日夜安”，碗底款识为“大明宣德年制”。

红绿彩 牡丹纹 碗

45
金
磁州窑
V&A 博物馆藏

▪ 这件红绿彩器应是明代五彩瓷的先声。

二、粗犷明丽成化彩

明成化年是彩绘瓷发展十分重要的一个时期。成化年间创烧的斗彩，成为中国瓷器史上一颗耀眼的明星。斗彩是釉下青花与釉上五彩相逗成趣的一种彩绘形式，其烧造工艺与青花五彩是一样的。所不同的是，斗彩中以青花勾勒图纹轮廓，上釉烧制后，在青花轮廓内填彩，或青花在画面中占主导地位；而青花五彩中青花不用于勾勒轮廓，而只是作为画面中五彩中的其中一彩，并且，在画面中所占比重不是很大。斗彩我们在本系列《斗彩瓷　珐琅彩瓷　粉彩瓷》一书中作了详细介绍，同时附以海外收藏的大量珍贵器物图片，在这里就不再多述。

除了斗彩以外，成化年间的五彩瓷也很有特色。成化窑器型一般多小巧玲珑，轻盈秀丽；造型简练概括，活泼生动，并十分注重形象之间的相互呼应；色彩热烈而沉稳，浓重而不艳俗；线条虽整体粗重，却疏朗有致、留足空间。像本书所收入的英国大卫基金会、维多利亚和阿尔伯特博物馆收藏的几件成化窑五彩瓷，可以看出以上特点。如莲池禽戏纹盘（图 46），以红绿为主调，甚至勾线用的也是红彩，画面显得十分热烈。但是红绿都比较灰，使这组对比色可以相安无事地摆在一起，不觉刺眼；莲花、水草摇曳摆动，显示了它们的生命感和画面的生动性；两只水禽飘动的羽毛和激起的水纹，说明它们游动得快捷轻松；前面一只水禽回过头来招呼后面一只，使画面平添了浓浓的趣味性。

元代以前的瓷器，即在以单色形态延续的年代，装饰使用的基本是划、刻、贴、堆、塑等技法，也就是借鉴雕塑以刻刀为工具的造型技艺；当彩绘瓷出现以后，瓷器的装饰转向以绘画为主，开始借鉴于绘画或具有绘画形式的兄弟工艺美术。比如磁州窑的白地黑花借鉴于中国画的白描以及黑白木刻插图；青花瓷早期借鉴于江南的蓝印花布；明代初期的五彩瓷，造型简约粗犷，色彩单纯明丽，与民间流传已久的水印木版年画有异曲同工之妙（附图 4）。

木版年画 门神

附4 河南朱仙镇版

青花五彩
莲池禽戏纹 盘

46 明 成化
大卫基金会藏

■ 本书以下所介绍的明、清五彩瓷，没有表明产地的，都是景德镇窑产品。

47

五彩 历史故事纹 碗

明 成化
大卫基金会藏

青花五彩
海浪翼龙纹 盘

48
明 成化
大卫基金会藏

五彩 太阳花卉纹 碗

49
明 成化
大卫基金会藏

■ 这只碗在一些大面积红色下面先涂了一层黄色，这样红色更加鲜明，这就是所谓“黄上红”的技法，此法创自成化。

五彩 花卉纹 罐

50 明 成化
V&A 博物馆藏

青花五彩 花鸟纹 水桶瓷塑（对）

51 明 成化
大卫基金会藏

三、明彩暗花弘治瓷

成化斗彩是用青花勾画图纹轮廓，而弘治年间创造了一种新办法，即在胎体上先将图纹轮廓刻画出来，上透明釉后高温烧制，再按图纹轮廓施彩并用低温焙烧定彩；也有的在上透明釉时将刻好的图纹留出来，高温烧成露胎的图纹，再施彩低温焙烧；有的部分图纹干脆不施彩，保留素胎的无光效果，也别有一番趣味。本书图 52–1 留白胎龙纹碗既是后者一例。

弘治年瓷器烧造最有成就的是黄釉瓷，这一时期创烧的娇黄釉达到了黄釉瓷烧造的巅峰。详细介绍请阅读本系列《颜色釉瓷》一书。

52-1

五彩 留白胎龙纹 碗

明 弘治

V&A 博物馆藏

52-2

白瓷 露胎龙纹 碗

明 弘治

吉美博物馆藏

■ 这只碗与图 52–1 的碗虽不为同一博物馆收藏，但属同一时期产品，碗的造型及龙纹也几乎一模一样，只是后者龙纹无爪，说明该碗是准备制作五彩瓷而尚未绘彩的半成品。由此，我们也可以看出留白胎五彩瓷的制作过程。

四、青花五彩嘉万朝

嘉靖和万历两朝是明代五彩瓷的繁盛时期。这两朝有许多共同的地方：譬如朝代历时较长，都经历了将近 50 年的时间，这使得两朝五彩瓷的烧造总量巨大，远远超过历朝历代；这两朝皇帝都是不理朝政，贪图安逸，追求奢华，挥霍无度。这种行为表现在瓷器烧造上：不惜工本，只求豪华，器型硕大、厚重，色彩浓烈艳俗，纹饰繁缛细密。与成化五彩的简约、疏朗、优雅、闲静之风形成对比。我们不妨把本书图 47 成化年的历史故事纹碗和图 53 嘉靖年刀马人物纹罐上的图纹进行一下比较，可以看出前后两个朝代绘画风格上的明显差异：成化碗的人物和马匹造型简练，线条概括，色彩大面积平涂；而嘉靖罐的人马均采用写实造型，刻画细致入微，线条繁密，画工有足够的耐心，将一片片铠甲、一根根马鬃都画得一丝不苟，这还不够，在罐盖、颈、肩、下腹部又画满了锦纹和缠枝花纹，其中色彩只有小面积用以渲染，大部分则是用于勾线。

嘉靖、万历两朝也是明晚期青花瓷生产的高峰期，娴熟的青花技术被运用到五彩瓷的烧制上，釉下青花与釉上五彩相互辉映，使青花五彩成为这两朝十分有特色的五彩瓷产品。

自隆庆开关后，明代外销瓷出口又开始活跃起来，尤其万历窑的克拉克瓷轰动欧洲，大大促进了瓷器生产的快速发展。这也是万历五彩不断繁荣的又一重要因素。

嘉靖和万历两朝五彩瓷除了许多共同之处外，其差别之处是，嘉靖窑五彩常用孔雀绿，而万历五彩却少见孔雀绿的踪影。

五彩 刀马人物纹 盖罐

53 明 嘉靖

吉美博物馆藏

■ 图中有“都督大元帅韩”“令”旗帜铭。

■ 底有“大明成化年制”寄托款。

五彩 开光团龙纹 罐

54 明 嘉靖

吉美博物馆藏

■ 底有“大明嘉靖年制”款。

绿地红彩 缠枝莲纹 葫芦瓶

55

明 嘉靖

吉美博物馆藏

▪ 底有“大明嘉靖年制”款。

青花五彩
莲塘鱼藻纹 盘

56

明 嘉靖

大卫基金会藏

青花五彩 二龙戏珠纹 盘

57 明 隆庆
大卫基金会藏
■ 底有隆庆年号款。

青花五彩 凤纹 六方瓶

58 明 隆庆
吉美博物馆藏

青花五彩
荷塘芦雁纹 大缸

59 明 隆庆
大卫基金会藏

■ 底有隆庆年号款。

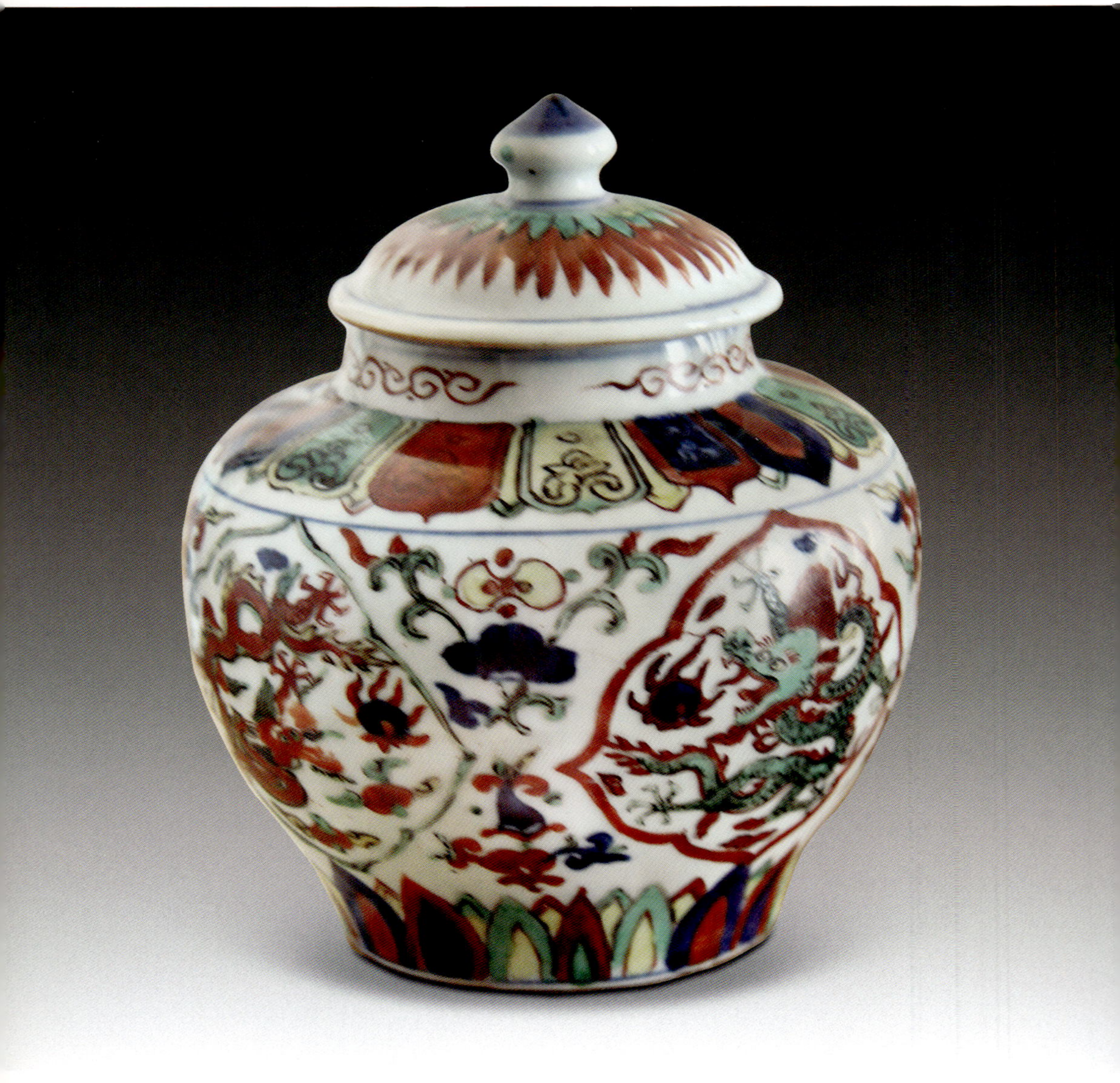

青花五彩
龙戏珠纹 开光盖罐

60 明 万历
吉美博物馆藏

■ 底有“大明万历年制”款。

青花五彩 水草鲤鱼纹 罐

61 明 万历
大英博物馆藏

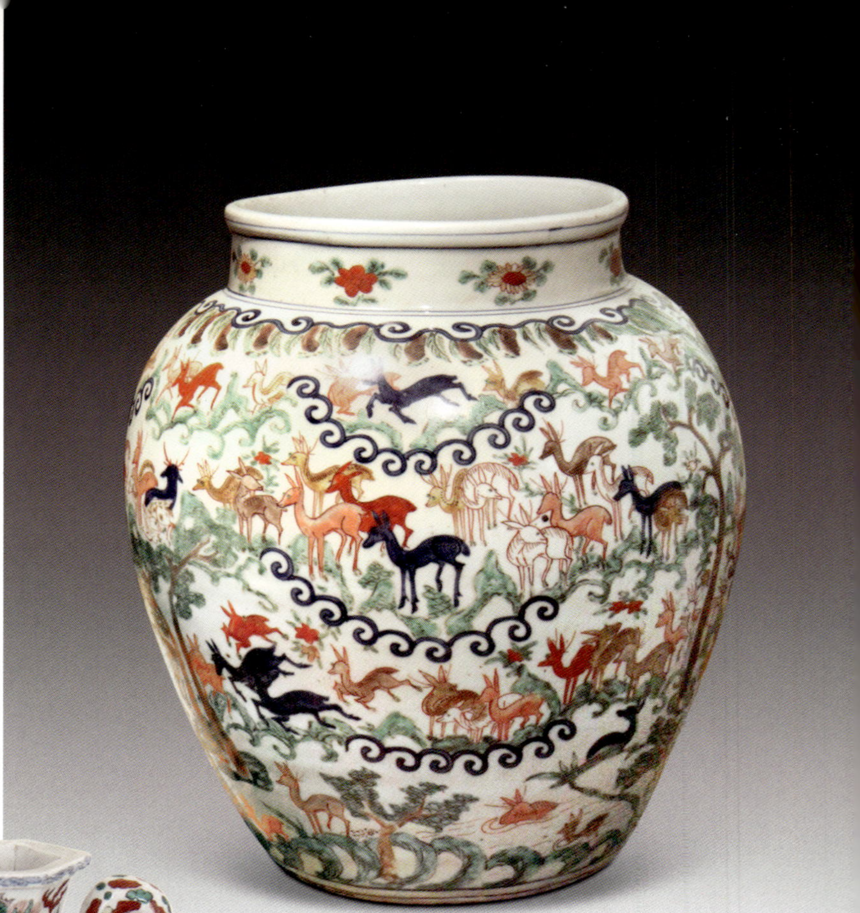

青花五彩 百鹿纹 罐

62 明 万历

吉美博物馆藏

■ 底有“大玥万历年制”款。

青花五彩

螭纹 开光六方执壶（缺盖）

63 明 万历

吉美博物馆藏

青花五彩 花卉纹 开光方盖盒

64 明 万历
大英博物馆藏

■ 金、元时有过方器，后消失。明正德开始又有方形器物出现。方器比圆器制作难度要大得多。
■ 底有万历年号款。

五彩 锦地纹
开光八棱灯笼罐

65 明 万历
大卫基金会藏

五彩 麒麟香炉

66 明 万历
大卫基金会藏

■ 这只香炉红彩用的是成化年间始用的“黄上红”技法，颜色显得特别鲜艳明亮。

五、大明五彩多创新

明代五彩瓷无论是颜料、彩绘技法，还是烧造工艺都已达到了一个较高的阶段。因此，人们一提到五彩瓷，就会想到“大明五彩”。

明代除了青花五彩和纯釉上五彩以外，还推出了一系列新的品种：

镂空五彩，这是一种以镂空工艺和五彩相结合的装饰方法（图 67）。《博物要览》记载道：“漏（镂）空花纹，填以五彩，华若云锦。”镂空技法，明代曾用于白瓷和青花器上，而和五彩相结合，当然更是“华若云锦”，妙趣横生了。

描金彩，在五彩的基础上饰以描金线条、块面或图案，再以低温烧制。釉上红彩常用铁红珐琅加描金，这种技巧被日本人称为“金襕手”（图 68）。明代金彩更多的是用于色釉地上，这部分内容，我们在本系列《颜色釉瓷》一书中详细介绍。

素三彩，它并不一定只限于三种颜色，但一定不要有红色。常用的有黄、绿、紫、赭等色。素三彩是在五彩瓷、色地彩瓷的基础上演化发展而来的，尽管早在唐代就有釉陶三彩，但明素三彩无论在装饰、造型还是烧成工艺上都远比唐三彩提高了许多。在一件器物上往往集刻、绘、雕等多种工艺于一体，低温、高温烧制相结合；在审美层面，要求每件器物都要有一个基调，如图 70 的弥勒佛像、图 71 的判官随从和图 73 的道教神像，尽管每尊瓷塑上都能找到三种颜色，但它们各自又都有自己的基调，分别是黄、紫、绿。

法华器，这是一种类似琉璃的装饰风格，色彩浓丽，立体感强。先将胎泥沥线在胎体上将瓷器分隔成不同图形（类似景泰蓝的金属线分隔法），入窑烧制，然后将鲜艳的孔雀蓝、墨兰、琥珀黄、茄紫、翡翠绿和白色等碱性法华釉分别填于分隔好的块面内，多用一种釉色铺地，其他釉色填绘花纹，二次入窑烧成。这种技法在中东瓷器中较为常见。1920 年，收藏家将这类瓷器称为“法华器”（图 74、图 75、图 76）。

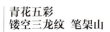

青花五彩
镂空三龙纹 笔架山

67 明 万历
吉美博物馆

■ 底有“大明万历年制”款。

青花五彩 贴金
舞女形酒壶

68 明 万历
大卫基金会藏

■ 这只人形壶无手的右臂是“流”，弯曲的左臂是“执”，发髻是“盖”。该壶使用的是被日本人称为“金襴手”的技巧。

紫地素三彩
梅花八宝浪石纹 盖罐

69 明末
吉美博物馆藏

炻器 素三彩
弥勒佛像

70
明 成化二十二年（公元 1486）
河南窑
大英博物馆藏

珐器 素三彩
判官随从

71 明中期（公元 16 世纪）
大英博物馆藏

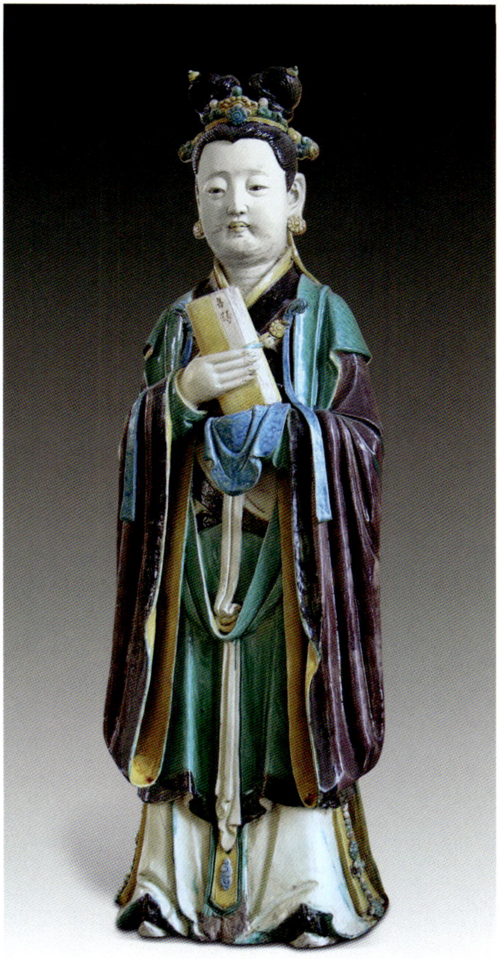

珐器 素三彩
文判官

72 明中期（公元 16 世纪）
大英博物馆藏

■ 判官原为人间官职，是地方长官的幕僚，辅佐处理政事，始于唐代。后被移植于民间传说中的阴司，有文、武判官之分。文判官左手持生死簿，右手持朱砂笔，负责调查百姓的品德善恶，最后做成判决书。一般被塑造成慈眉善目、清秀温和的文官形象，有的地方则将其塑造为女性。武判官负责执行文判官的判决，其形象凶猛威武，怒目竖眉，手中持有兵器。

炻器 素三彩
道教神像

73 明中期（公元 16 世纪）
大英博物馆藏

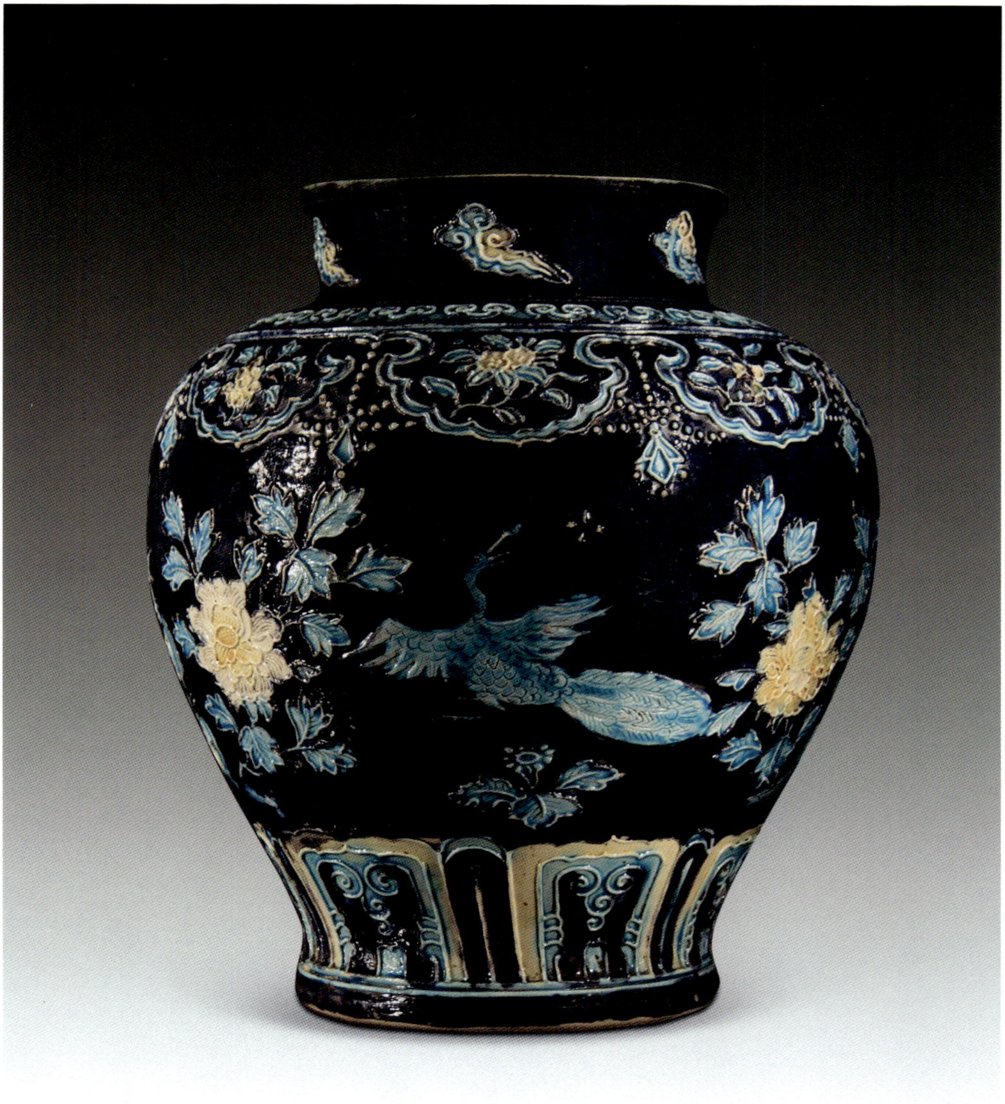

法华彩
孔雀牡丹纹 罐

74
明
大卫基金会藏

▪ 这是一件以墨兰为底色的法华器。

法华彩
葵花水浪纹 罐

75 明
大卫基金会藏

法华彩
鼓钉绣墩

76
明
大卫基金会藏

■ 绣墩因其形如鼓，又称“鼓墩”，是明清时期常见的坐具，因此又称“坐墩”。

六、明末清初过渡瓷

在明末清初这几十年中，社会动荡，经济萧条，官窑凋敝，而民窑却比从前更加活跃。专家们把这一时期的瓷器定名为“转变期”瓷器，或称“过渡期”瓷器。在瓷器特点上表现得比较突出的是青花瓷，在本系列《成化后青花瓷》一书中，对这一时期的瓷器历史，有比较详细地阐述。

五彩瓷的状况和青花瓷差不多，瓷器品质不低，但官窑器较少，而民窑器较多。民窑瓷器的风格是朴实生动、自由活泼，充满生活气息。

青花红绿彩
神仙岛纹 盘

77 明 万历
漳州窑
大卫基金会藏

■ 这只瓷盘胎质粗糙厚重，纹饰自由朴素，出自福建漳州窑，当时主要用以销往东南亚，日本和荷兰，但一直以来被人们误称为“汕头瓷”。

青花红绿彩
麒麟纹 碗

78 晚明
漳州窑
大卫基金会藏

五彩 牡丹纹衔环铺首尊

79 明 崇祯
德化窑
大卫基金会藏

■ 德化窑是位于福建南部山区的一座民窑，以烧造白瓷著称。

五彩
云龙纹 盘

80 明 崇祯
吉美博物馆藏

■ 这是一件民窑产品，底有“甲戌春孟赵府造用”铭。

青花五彩
岁寒三友纹 酒壶

81 晚明（公元 1620-1644）
大卫基金会藏

■ 这只壶的腹部及执手、流均设计成竹节形，枝、叶、花、云分别用青色和红色勾画轮廓，红、黄、绿色都较浓重。

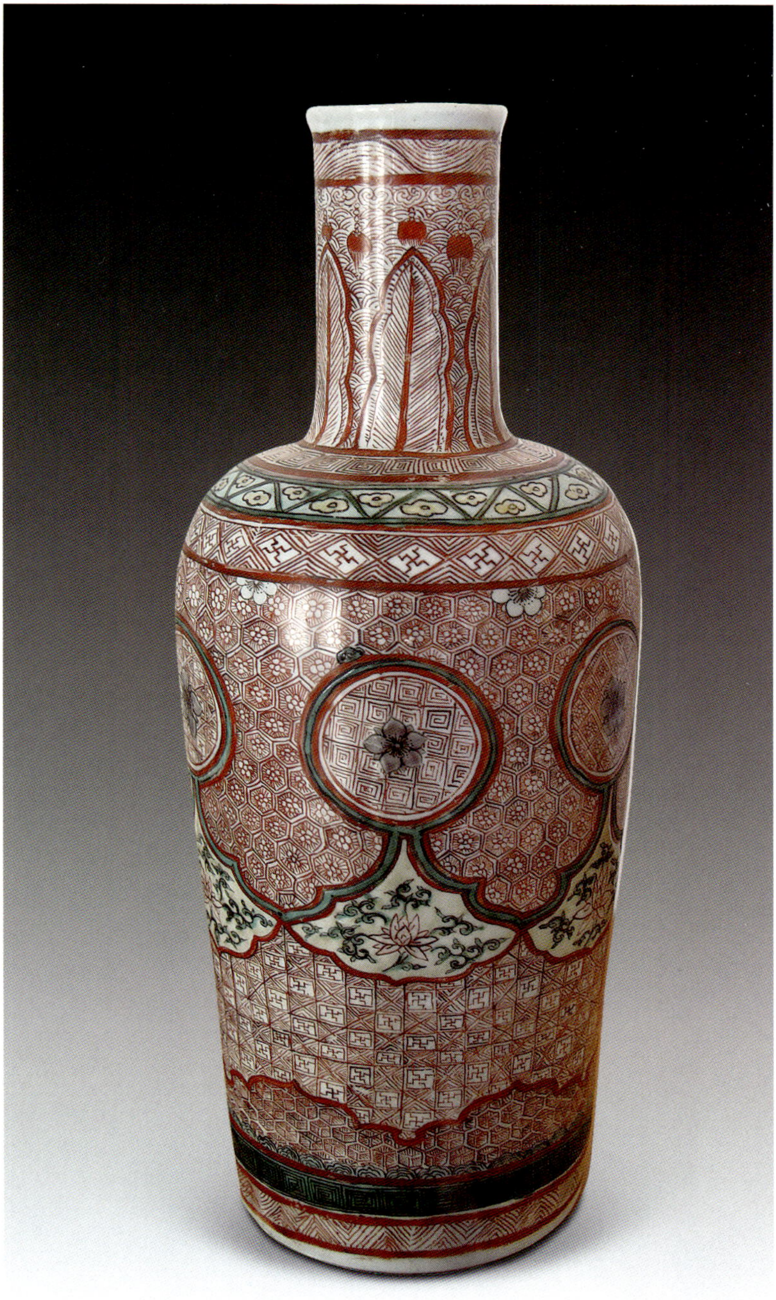

82

红绿彩
锦地莲花纹
萝卜瓶

明末清初
吉美博物馆藏

红绿彩
灯笼璎珞纹 瓶

83 明末清初
吉美博物馆藏

五彩
盆花纹 开光罐

84

明末清初
吉美博物馆藏

淡绿地五彩
龙凤纹 盖罐

85
明末清初
吉美博物馆藏

青花五彩
帝王访贤图纹 筒瓶

86
明末清初
吉美博物馆藏

七、一代大帝领风骚

清代五彩瓷最有成就的是康熙时期。康熙皇帝在位61年，不仅是清代，也是中国历史上执政最久的一位帝王。在军事上，他平息了三藩之乱，攻克台湾，收复了雅克萨、尼布楚；在民生上，他轻徭薄赋，鼓励耕织；在文化上，他主持编撰了《康熙字典》《康熙永年历法》等多部大型文献。他为康、雍、乾百年盛世创立了良好的基础，被后世称为“千古一帝”。对于瓷器烧造，康熙皇帝同样投入了极大的关注和热情。

中国瓷器走到康熙年间，已经出现了几次辉煌的高峰：宋代五大名窑的青瓷、白瓷，元、明的青花、釉里红，成化的斗彩，嘉靖、万历的五彩瓷。历史似乎已经没有给康熙在瓷器发展上留出太大的创造奇迹的空间。但是，这位文可知天文地理、几何代数，武能善骑马拉弓、百步穿杨且满腹大志的康熙皇帝，岂肯在他认准的事情上无所作为？他准备向历史的辉煌成就挑战，他要把前人创造的瓷器品种在自己的手中达到极致。的确，康熙窑的仿定窑、官窑、汝窑、钧窑、哥窑器以及青花和仿成化斗彩等名瓷烧造，都达到了极尽完美的地步。与此同时，康熙也十分关注瓷器新品种的开发。他决心把西洋传来的铜胎珐琅器改造成瓷胎画珐琅，他甚至在紫禁城养心殿和圆明园建了几个小窑，把景德镇窑烧好的素胎拿来，请最优秀的画工画上珐琅彩，然后在其直接监视下烧制。中国瓷器史上又一颗耀眼的明珠——瓷胎画珐琅就在康熙皇帝的宫中诞生了。

有这样一位热心于瓷器事业发展的康熙大帝，五彩瓷在康熙一朝所取得的成就是可想而知的。清代和民国的有关瓷器著作均有记载。《陶雅》云：“康熙五彩能力最大，纵横变化层出而未穷也。”“康熙彩绘手法精妙，官窑人物以耕织为最”。《饮流斋说瓷》记载：“清代彩瓷变化繁迹，几乎不可方物，康熙硬彩、雍正软彩。”“硬彩、青花均以康熙为极轨。”

世界各大博物馆收藏康熙五彩的数量之大，质量之高，堪称历代之冠，从中我们已可看出五彩瓷在康熙朝的繁荣景象。仅本书所收入康熙五彩的品种包罗万象。器型：碗、盘、瓶、尊、觚、豆、壶、罐、盒、文房四宝等等应有尽有；纹饰：花、鸟、鱼、龙、鹿、马、庭院仕女、刀马人物、戏曲故事、吉祥图案等无所不包。当然，作为五彩瓷，最能昭显其感人的魅力之处，还在于包括色彩运用在内的表现能力和艺术品位。

从总体上看，康熙五彩的工艺制作精致细腻、华滋深凝，所体现出来的是一种高雅端庄、雍容华贵的贵族化意味。康熙五彩在绘画风格上大致有三类：

其一，题材为繁密锦地图案、花卉、杂宝、海马图案类的绘画，基本延续了明代晚期绘画风格，只是比明代更加繁密精细。

其二，花鸟人物题材，不像明代五彩绘画借鉴的对象是民间艺术，康熙五彩绘画技法取自宋代宫廷院体花鸟画、仕女画，这样比较能够显示皇族气派。本书所载康熙五十二年（公元 1713）为康熙皇帝六十大寿而专门烧制的一批贺寿盘（图 147 至图 150），就具有明显的宋代院体画风格；本书大量康熙盘、瓶上的人物画，就有宋代仕女图、婴戏图的印迹 ，有的也受明末清初绘画大师陈老莲的影响。

其三，康熙时期文人水墨画已成为当时绘画艺术的主流，对于善于包容和进取的康熙朝，这不能不影响到瓷器绘画上来。但毕竟瓷器彩料不像水墨画的颜料和墨汁那样具有流动性，瓷胎也不像宣纸那样具有吸水性，瓷器绘画要想达到水墨画淋漓氤氲的效果还是很困难的。但水墨画的写意性，追求简练、空灵的特质，还是清楚地表现在康熙五彩的绘画中，有些作品则表现得十分突出，像图 126 的十二花季杯、图 123 花鸟纹盘、图 143 花鸟纹笔筒等便是实例。

另外，当时欧洲传教士带进来的一些西洋画，对康熙五彩也有影响。在色彩处理上，注意吸收了西洋绘画的透视法、明暗法，加强了画面的层次感和立体感（如图 146 的桃子），这也是前朝彩瓷所从来没有过的。

在颜料方面，康熙五彩将过去的釉下青花改为釉上蓝彩，不仅大大简化了烧制工艺，而且色彩也更鲜明漂亮。画面黑彩的使用，增强了色彩的对比度和层次感。

康熙五彩是五彩瓷的最后一座高峰。雍正以后珐琅彩、粉彩瓷方兴未艾，虽也有五彩瓷，但已经不再是雍正、乾隆两朝彩瓷的主流产品。乾隆以后，清朝逐步走向衰亡，瓷器事业也同样渐渐逝去了光彩。

青花釉里红
山水人物纹 方瓶

87 清 康熙
吉美博物馆藏

五彩
八仙祝寿图纹 瓶

88 清 康熙初
吉美博物馆藏

■ 康熙五彩是明代五彩的继续。清五彩里绿色比青花多，青花开始是在釉下，大约于康熙三十九年（公元 1700）后发明了釉上蓝彩，并且使用的是透明水彩状的珐琅彩。

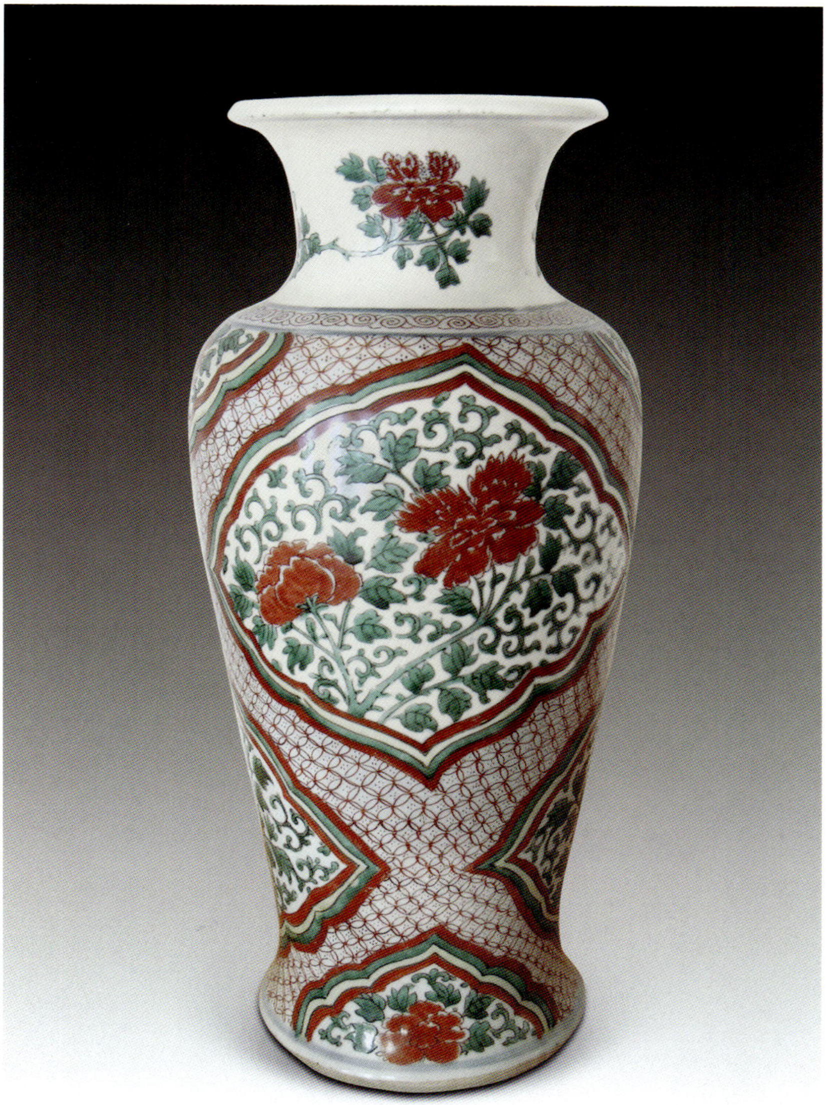

红绿彩
锦地开光牡丹纹 瓶

89
清 康熙
吉美博物馆藏

五彩描金
狮子戏球纹 瓶

90
清 康熙
V&A 博物馆藏

五彩
缠枝牡丹纹 提梁壶

91
清 康熙
吉美博物馆藏

青花釉里红
西厢记人物纹 盘

92
清 康熙（公元 1671）
大卫基金会藏

■ 这只盘是为 17 岁的康熙皇帝定做的。
■ 盘底有“康熙辛亥中和堂制”印。

青花釉里红
花石纹洒蓝地 开光盘

93
清 康熙
吉美博物馆藏

■ 底有“大明嘉靖年制”寄托款。

素三彩
花石暗龙纹 盘

94
清 康熙
吉美博物馆藏

■ 这只盘在釉下刻画二龙戏珠花纹，釉上以黄、绿、紫绘制花、石装饰。彩绘纹饰与釉下隐现龙纹相互呼应，既彩色艳丽，又神秘莫测，实为康熙素三彩中的精品。

■ 底有“大清康熙年制”款。

素三彩
暗花石榴纹 盘

95
清 康熙
吉美博物馆藏

■ 这只盘也是先在胎上刻以暗花，然后施透明釉烧制上彩，是康窑的创新产品。

■ 底有“大清康熙年制”款。

素三彩
云龙纹 盘

96
清 康熙
吉美博物馆藏

■ 外壁墨地龙纹，底有墨地留白文寄托款“成化年制”。

素三彩
云龙纹 盘

97
清 康熙
吉美博物馆藏

■ 该盘内、外壁图纹与图 96 相似。
■ 底有墨地留白文寄托款“成化年制”。

绿地素三彩加红
海马杂宝红梅纹 盘

98 清 康熙
吉美博物馆藏

■ 加红色的素三彩比较少见，收藏界有“三彩加红，价值连城”的说法，因而，此盘收藏价值较高。

素三彩
暗花花蝶纹 碗

99 清 康熙
吉美博物馆藏

■ 这只碗也是先在釉下刻花，上釉烧制后再以素三彩绘制花卉。
■ 底有“大清康熙年制”款。

黄地素三彩
花卉纹 碗

100
清 康熙
吉美博物馆藏

■ 底有“大明成化年制”寄托款。

素三彩 花鸟虫蝶纹
开光多穆壶

101 清 康熙
吉美博物馆藏

■ 多穆壶原为藏人盛酥油茶的器皿。形如竹筒，顶部有僧帽状围栏和宝顶形纽盖，无柄把，一侧有曲流，另一侧有上下两系用于穿链，多以木或金属制成，一般为藏、蒙族上层人士所用。瓷器多穆壶始烧于元代，清代用于清供和法事活动及皇帝赏赐高僧。

102

素三彩 山水人物纹
狮钮盖六方执壶

清 康熙
吉美博物馆藏

■ 仿明万历器型（图 63）。

103

素三彩
花蝶纹贴花 桃形倒流壶

清 康熙
吉美博物馆藏

■ 这只壶无盖，壶底有孔及导水装置。从壶底装水，正置时水不会外流，壶身向流口倾斜时，水可从流口流出。
■ 宋代耀州窑曾烧造较多刻花青瓷倒流壶。

**天青地素三彩
花鸟石纹 罐**

104 清 康熙
吉美博物馆藏

■ 底有“大清康熙年制”款。

绿地素三彩
海马杂宝纹 笔筒

105 清 康熙
吉美博物馆藏

黄地素三彩
婴戏纹 方棒槌瓶

106 清 康熙
吉美博物馆藏

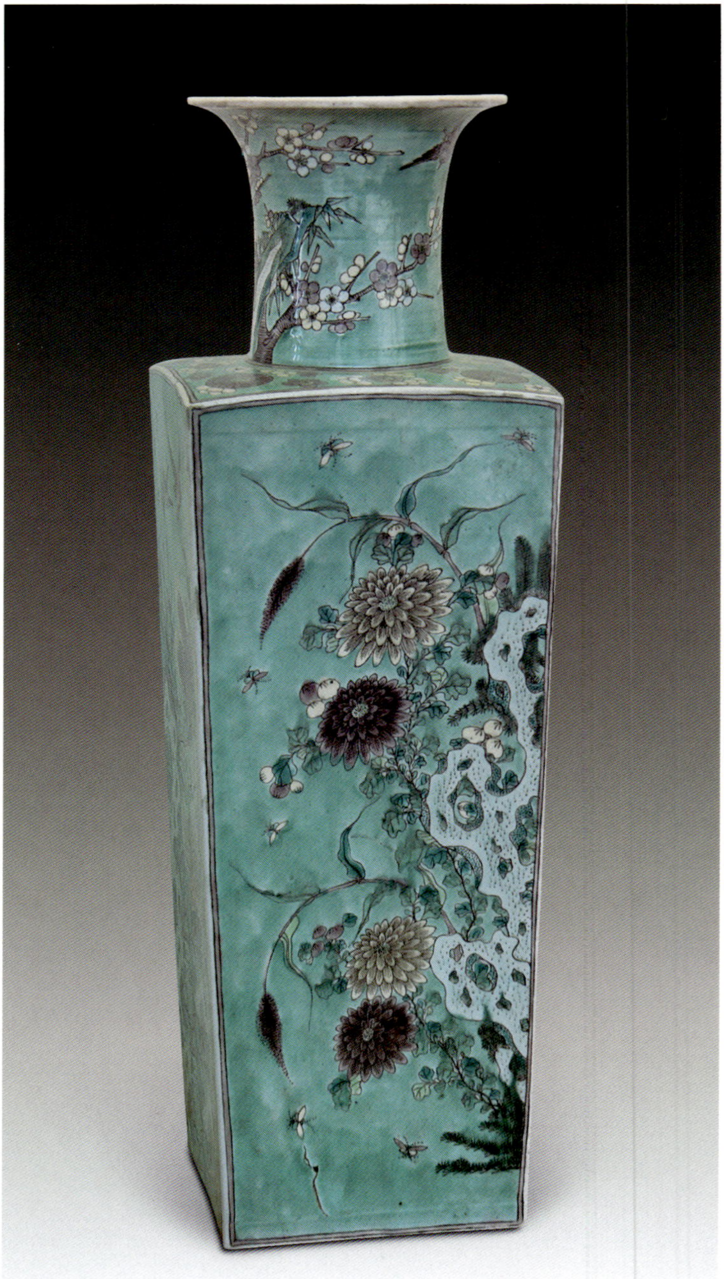

浅绿地素三彩
四季花鸟纹
方棒槌瓶

107

清 康熙
吉美博物馆藏

■ 底寄托款“康熙年制”款。

108

黄地素三彩
凤凰牡丹纹 瓶

清 康熙
吉美博物馆藏

109

黄地素三彩
山水人物纹 观音尊

清 康熙
吉美博物馆藏

墨地素三彩 四季花卉纹 方棒槌瓶

110 清 康熙
吉美博物馆藏

■ 墨地三彩是一种仿脱胎漆器装饰瓷器。先在胎体上施绿釉，然后再施黑釉，低温烧一次。以深色勾画花纹，然后填以素三彩再次低温烧制。墨地素三彩烧制工艺复杂，是较为珍稀的品种。

■ 底有“碧玉堂制”款。

墨地素三彩
四季花卉纹
云耳方瓶

111 清 康熙
吉美博物馆藏

墨地素三彩
花鸟纹 凤尾尊

112
清 康熙
吉美博物馆藏

釉下三彩
山水纹 花觚

113
清 康熙
吉美博物馆藏

■ 以往五彩瓷除了青花和釉里红外，基本上是釉上彩，釉下三彩的出现，应是五彩瓷的一大创新。这种瓶是先在生胎上着全部色彩，然后施釉高温烧制，烧制难度非常大。目前这类瓷器已是稀世珍品。清光绪末至宣统初年，醴陵窑在此基础上将釉下彩瓷发扬光大，但“醴陵窑首创釉下彩瓷”的说法值得商榷。

■ 底有“大清康熙年制”款。

五彩 花鸟纹
六开光沿盘

114 清 康熙
吉美博物馆藏

五彩
教子纹 盘

115 清 康熙
V&A 博物馆藏

五彩 竹林七贤纹仰钟式碗

116 清 康熙
吉美博物馆藏

■ 底有寄托款“大明嘉靖年制”。

五彩 花鸟蝶石纹 大碗

117 清 康熙
吉美博物馆藏

五彩 鸟和桃枝纹碗（对）

118 清 康熙
大英博物馆藏

■ 底有康熙年号款。

盆景花卉纹 盘

119 清 康熙
吉美博物馆藏

五彩 松鹿纹花口盘

120 清 康熙
吉美博物馆藏

五彩 仙人乘槎纹大盘

121 清 康熙
吉美博物馆藏

■ 底有“大清康熙年制”款。

122
五彩 池塘花鸟纹 盘
清 康熙
吉美博物馆藏

123
五彩 花鸟纹 盘
清 康熙
吉美博物馆藏

■ 盘上所画梅花枝干，采用了中国画大写意的技法，显然受到当时流行的水墨画的影响。

五彩 水浒人物纹 盘

124 清 康熙
吉美博物馆藏

■ 盘中人物表情生动，刻画细腻，线条劲挺而流畅，色彩华滋而沉稳，构图疏密有致，动态自然逼真，实为不可多得的五彩艺术精品。

■ 盘内人名牌“宋青”“混江龙”“阮小二”。

五彩 庭园仕女纹 盘

125 清 康熙
吉美博物馆藏

126-1 一月 水仙花
“春风弄玉来清昼，夜月凌波上大堤。”

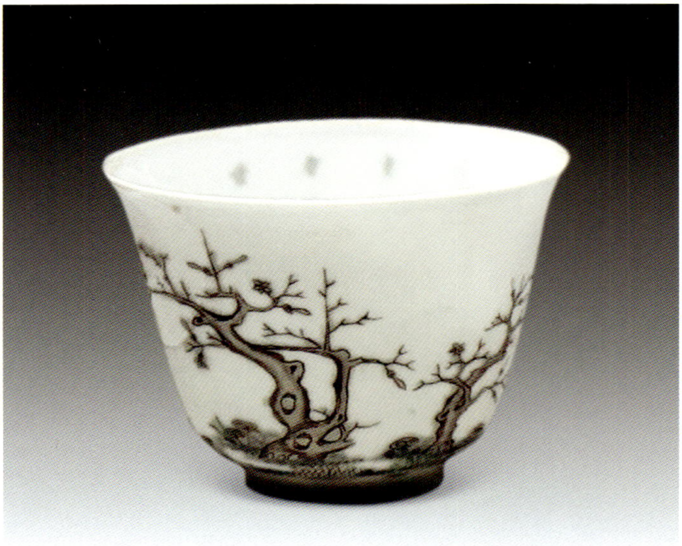

126-2 二月 玉兰花
“金英翠萼带春寒，黄色花中有几般。”

五彩
仰钟式十二花季酒杯

126 清 康熙
大卫基金会藏

■ 这是一套存世稀少、十分名贵的十二月令花卉诗句杯。小巧玲珑，精美怡人；有诗有画，清新雅致。图中杯的背面隐约可见诗句的书法字迹。

126-3 三月 桃花
“风花新社燕，时节旧春浓。”

126-4 四月 牡丹花
“晓艳远分金掌露，暮香深惹玉堂风。”

126-5 五月 石榴花
"露色珠帘映，香风粉壁遮。"

126-6 六月 荷花
"根是泥中玉，心承露下珠。"

126-7 七月 兰花
"广殿轻香发，高台远吹吟。"

126-8 八月 桂花
"枝生无限月，花满自然秋。"

126-9 九月 菊花
“千载白衣酒，一生青女香。”

126-10 十月 芙蓉花
“清香和宿雨，佳色出晴烟。”

126-11 十一月 月季花
"不随千种尽，独放一年红。"

126-12 十二月 梅花
"素艳雪凝树，清香风满枝。"

五彩 人物故事纹 方瓶

127 清 康熙
吉美博物馆藏

五彩 水浒人物纹 长颈瓶

128 清 康熙
吉美博物馆藏

■ 瓶颈壁人名“小李广花荣”“浪子燕青”。

五彩 百鹿纹 棒槌瓶

129 清 康熙
吉美博物馆藏

五彩 花石虫蝶纹 尊

130 清 康熙
吉美博物馆藏

■底有“大明成化年制”寄托款。

131 五彩 花鸟纹 凤尾尊

清 康熙

吉美博物馆藏

132 五彩 百鸟纹 瓶

清 康熙

吉美博物馆藏

■“百鸟”是“康窑”常用的纹饰题材。本系列《成化后青花瓷》一书第 107 图为青花百鸟纹碗。

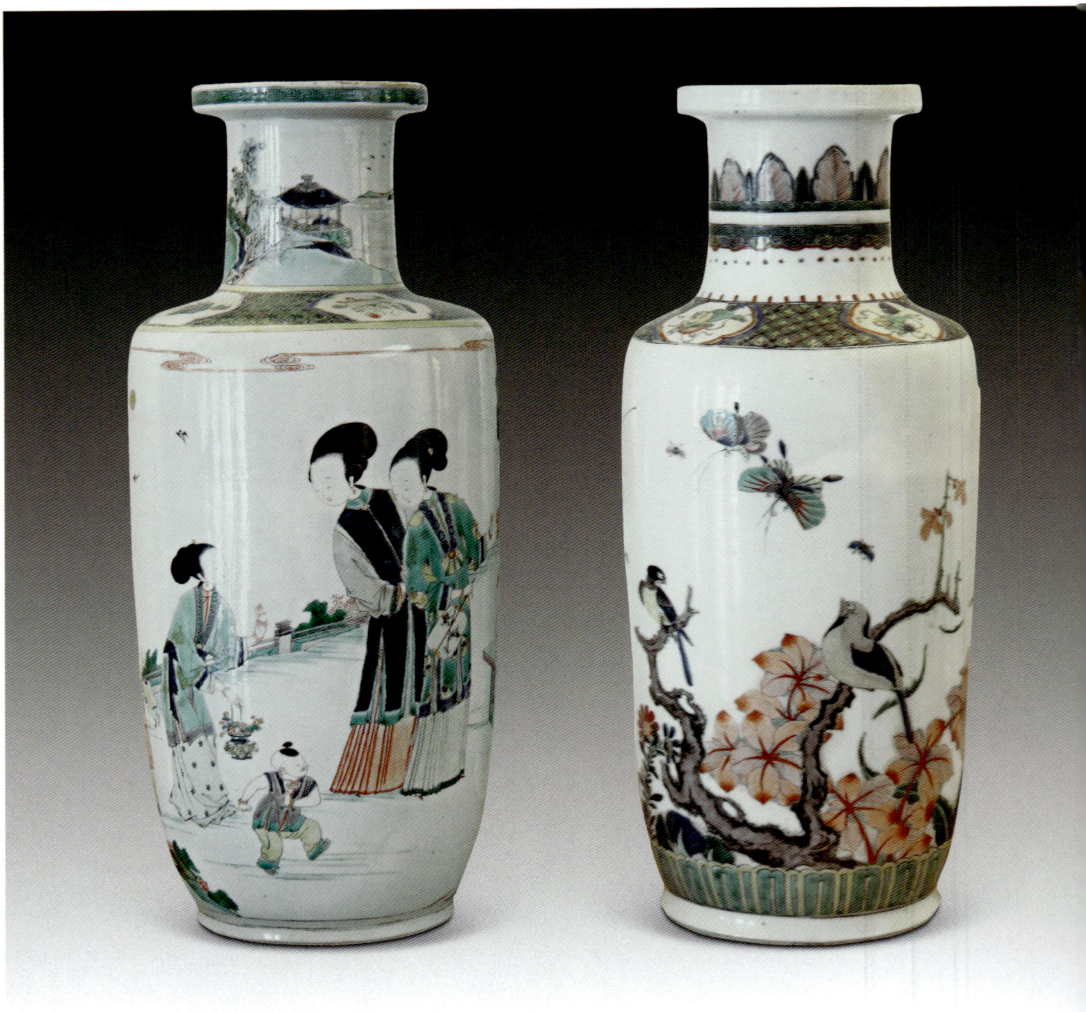

133 **五彩 庭园仕女纹 棒槌瓶**

清 康熙

吉美博物馆藏

134 **五彩 花鸟虫蝶纹 棒槌瓶**

清 康熙

吉美博物馆藏

五彩 仕女图 广口长颈梅瓶

135 清 康熙
吉美博物馆藏

五彩
人物进爵花果纹 花觚

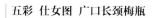

136 清 康熙
吉美博物馆藏

五彩 花鸟石榴纹 花觚

137 清 康熙
吉美博物馆藏

五彩 开光花鸟博古纹
凤尾尊

138 清 康熙
吉美博物馆藏

五彩 人物故事纹 凤尾尊

139 清 康熙
吉美博物馆藏

五彩 花鸟纹 凤尾尊

140 清 康熙
V&A 博物馆藏

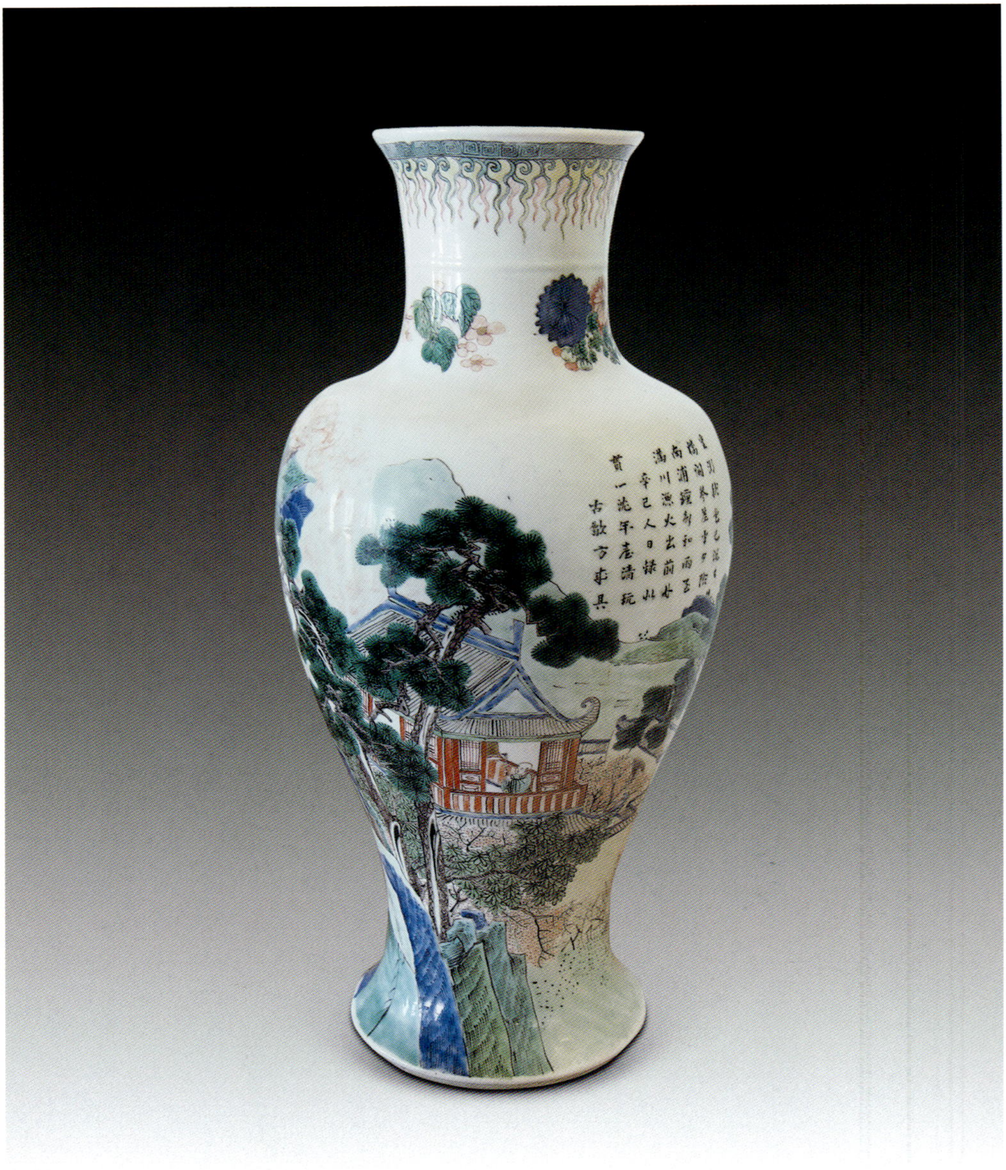

五彩 山水人物纹 观音尊

141

清 康熙
吉美博物馆藏

■ 瓶壁墨书诗文铭："金湖秋色已沉沉，楼阁参差半夕阴。南浦钟声和雨至，满川渔火出前林。辛巳人日录此，贯心沈年卢清玩。古歙方求具。"

五彩 葡萄藤纹 罐

142 清 康熙
吉美博物馆藏

五彩 花鸟纹 笔筒

143 清 康熙（公元 1709）
吉美博物馆藏

■ 笔筒上所画花卉枝干，采用了中国画大写意的技法。壁铭“紫府仙家种，分成几世栽。一枝斜初者，凝（疑）是玉人来。乙丑阳春月书似□散人。”

五彩 耕织纹 灯笼瓶

144 清 康熙
V&A 博物馆藏

黑地五彩“三星”纹 八开光葵瓣盘

145

清 康熙
大卫基金会藏

■ 这只盘以黑釉为底，开光处白地五彩，形式新颖，是康熙年间的一种创新产品，存世罕见。

五彩 寿桃纹 盘

146

清 康熙（公元 1713）
大卫基金会藏

■ 这只盘子是为康熙六十大寿订制的，寿桃上有贴金“万寿”字样，寿桃的色彩渐变是画和喷成的，具有西洋画的立体效果。

五彩 仙女献寿纹 盘

147 清 康熙（公元 1713）
大卫基金会藏

■ 盘沿有“万寿无疆”篆书。这是一批为康熙皇帝六十大寿而专门制作的祝寿盘。

五彩 花鸟纹 祝寿盘

148 清 康熙（公元 1713）
吉美博物馆藏

■ 这几只祝寿盘上的花鸟纹饰具有宋代宫廷“院体画”的风格。

五彩 花鸟纹 祝寿盘

149 清 康熙（公元 1713）
吉美博物馆藏

五彩 荷塘鸳鸯纹 祝寿盘

150 清 康熙（公元 1713）
吉美博物馆藏

五彩 竹叶纹 镂空香水盒

151 清 康熙
大卫基金会藏

五彩 山水人物纹 盖罐

152-1 清 雍正
卡纳克·杰美术馆藏

卡纳克·杰美术馆

152-2 ■ 卡纳克·杰美术馆（Musee Cognacq-Jay）位于法国巴黎市中心伊尔泽维尔街，以收藏洛可可油画和工艺品为主。18世纪欧洲美术史洛可可时期正值中国清代康、雍、乾三朝盛世，该馆收藏了不少“清三代”时期的工艺品。

五彩 水浒故事贴花 大瓶

153

清 道光

V&A 博物馆藏

■ 这只地瓶高约 1.4 米。

素三彩
双耳出戟菱口杯

154 清
大卫基金会藏

五彩 镂空雕花 竹篮形提梁盖盒

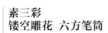

156 清
大卫基金会藏

素三彩
镂空雕花 六方笔筒

155 清
大卫基金会藏

后 记

近些年来，在我国掀起的工艺品收藏热方兴未艾。俗话说“盛世收藏”，这也从一个侧面反映出了我国国泰民安、经济繁荣的大好景象。中华五千年的历史和文化从未间断过，这在全世界是唯一的；全程见证五千年历史的中国工艺美术品，其形式和材料的多样化，制作的精美程度，在全世界也是首屈一指的。目前，许多出版物及互联网，对国内现存的工艺美术精品，从不同角度、不同层面分别进行了详细的介绍和精辟的研究。但是，大量流传在海外的中国工艺品在国内介绍的相对较少，我们出版这套《海外珍藏中华瑰宝》系列图书的目的，也正是为了填补这一空白。

收藏工艺品，并非只是为了保值、增值，更主要的还是为了陶冶情操，开拓知识面，提高艺术修养。正是基于这一点，我们在该书的叙述文字及图片说明中，除了对这些工艺品的材料、器型、纹饰、色彩等主要特征及制作工艺、辨伪技巧加以介绍外，还对这些器物产生的历史背景和时代特征予以阐述，同时结合纹饰的内容和形式，介绍有关的历史典故和民俗传统；对这些艺术品在艺术风格上所形成的流、派及发展和衍变过程，它们在美学上所产生的影响，近年国内外拍卖市场的行情等，也都作了不同程度的说明。由于这些藏品现存于海外，我们也特意介绍了中国工艺品在西方是如何受到狂热的追捧，及它们对西方艺术品制作所产生的影响；我们还介绍了西方学者在研究中国工艺品方面所取得的学术成就等。

根据我们了解的情况，这些在国际上影响较大的博物馆，对藏品的征集和研究是严肃认真的，鉴定是细致和科学的。我们把一些图片与北京故宫博物院等国内著名博物馆的同类藏品进行了比对，彼此的鉴定结论基本是一致的。书中所载的图片，除了极少数的附图外，绝大部分都是实物拍摄，因此，器物色彩还原比较真实。这样，对收藏爱好者和研究者准确地了解这些艺术品的原貌，提供了较为可靠的依据。由于本书作者的学识水平有限，书中难免存在谬误，不当之处，欢迎读者批评指正；对书中某些观点有不同看法，对某些藏品的真伪表示质疑，也欢迎读者提出来讨论。

我们本次出版的“瓷器卷”和“杂宝卷”，图片主要来自欧洲收藏中国工艺品最多的英国、法国，以及西班牙的几个世界级的大博物馆。随后，我们把其他国家收藏的中国工艺美术精品搜集、整理，也将陆续编辑出版。

本系列图书在作品的翻拍过程中，得到了大英博物馆、吉美国立亚洲艺术博物馆、大卫中国艺术基金会、维多利亚和阿尔伯特博物馆、赛努奇博物馆、西班牙国家装饰艺术博物馆、卡纳克·杰美术馆等机构的大力协助；在编辑、出版方面，受到北京工艺美术出版社陈高潮社长的热情关注和大力支持，在此，一并表示衷心地感谢！

作者

2010 年 10 月